Les musiciens
et la franc-maçonnerie

DU MÊME AUTEUR

Les philosophes, roman, Le Scorpion.

« La musique de la Révolution française » et « César Franck, les franckistes et Chabrier » *in Histoire de la musique occidentale*, Fayard.

Wilhelm Furtwängler, une biographie par le disque, Belfond.

Augusta Holmès, l'outrancière, biographie, Belfond.

Portrait d'un homme du siècle, traduction et adaptation de l'autobiographie de Franco Zeffirelli, Belfond.

Apollo et Hyacinthus de Mozart, analyse historique et musicale, Musique et Culture.

L'assassinat de Jean-Marie Leclair, récit, Belfond.

Les célébrations musicales républicaines après la Révolution, Musica e Realta, Milan.

« Les légendes maçonniques mozartiennes » *in Actes du colloque : Mozart, naissance et transformations d'un mythe*, Université de Clermont-Ferrand, Peter Lang.

Histoire de la musique anglaise, Fayard.

En préparation :

La Musique et la foi en Occident, première partie : du sacré au rituel, Fayard.

Gérard Gefen

Les musiciens et la franc-maçonnerie

FAYARD

Collection
LES CHEMINS DE LA MUSIQUE

Cette collection se propose d'offrir au grand public amateur de musique de brèves synthèses sur des périodes de l'histoire de la musique, sur des courants esthétiques, sur l'évolution des formes musicales, voire sur certains compositeurs, selon une approche historique, sociale et culturelle.

André Boucourechliev, *Le langage musical*
Michel Chion, *Le poème symphonique et la musique à programme*
— *La symphonie à l'époque romantique*
Gérard Gefen, *Histoire de la musique anglaise*
Paul Griffiths, *Brève histoire de la musique moderne*
Frans C. Lemaire, *La musique du XXe siècle en Russie et dans les anciennes Républiques soviétiques*
Isabelle Moindrot, *L'opéra seria*

À paraître

Guy Erisman, *Histoire de la musique tchèque*
Michel Fleury, *L'impressionnisme et la musique*
Alain Poirier, *L'expressionnisme et la musique*

in memoriam René G.

INTRODUCTION

Musiciens francs-maçons ou musique maçonnique ?

Bien avant qu'elle ne prenne, en 1717, sa forme « historique », la franc-maçonnerie avait suscité une grande curiosité. Le premier texte connu, destiné au « grand public », où l'on y trouve une allusion *(The Muses Threnodie)* remonte à 1638 et, soixante ans plus tard, en 1698, apparaît le premier pamphlet antimaçonnique — témoignage incontestable de l'attention qu'elle retenait déjà. Les légendes immémoriales auxquelles la franc-maçonnerie faisait référence, ses liens réels ou mythiques avec les antiques sociétés de bâtisseurs, les mystères qu'elle évoquait et, par-dessus tout, le secret dont elle entourait ses membres et ses travaux expliquent aisément un tel intérêt. Depuis, qu'il s'agisse d'attirance ou de répulsion, la fascination exercée par la franc-maçonnerie n'a cessé de croître. Ce sentiment s'est nourri des démêlés de cette société avec l'Église du XVIIIe siècle à nos jours, de la part supposée qu'elle a prise dans les révolutions de l'histoire, du pouvoir clandestin, mais considérable, que détiendraient ses membres et, aussi, de certaines tentations ésotériques (alchimie, gnose, occultisme, etc.) auxquelles elle a parfois succombé.

On n'a pas manqué d'être frappé, en même temps, du

nombre et de la qualité des musiciens affiliés à la franc-maçonnerie. Comme si les noms de Geminiani, de Clérambault, de Rameau, de Mozart père et fils, de Haydn, de Piccinni, de Cherubini, de Méhul, de Gossec, de Boieldieu, de Viotti, de Spontini, de Liszt, de Meyerbeer, de Loewe, de Sibelius et de tant d'autres ne suffisaient pas, on a parfois attribué à Beethoven, à Schubert, à Mendelssohn, à Verdi et même à Wagner une appartenance dont la légitimité s'avère douteuse, voire fantaisiste. Ce prosélytisme *a posteriori* traduit cependant une évidence troublante : la faveur dont la franc-maçonnerie a joui auprès des musiciens reste sans commune mesure avec celle que l'on peut constater dans les autres disciplines littéraires et artistiques.

Plusieurs explications ont été avancées. Pour certains, ce phénomène tiendrait aux concordances spirituelles et symboliques entre la nature profonde de la musique et celle de la franc-maçonnerie. Ainsi, l'une et l'autre ne sont-elles accessibles qu'à ceux-là seuls qui entreprennent le long apprentissage d'un art difficile ; ainsi se réclament-elles d'un patronage commun, celui de Pythagore ; ainsi se réfèrent-elles aux mêmes chiffres significatifs : 3, 5 et 7, symboles maçonniques des trois grades d'apprenti, de compagnon et de maître, intervalles fondamentaux en musique qui constituent la tonalité et forment l'accord parfait ; ainsi, dans le *quadrivium* classique, la musique se trouve-t-elle associée à la géométrie, l'une des clefs essentielles du symbolisme maçonnique, etc. Bref, musique et franc-maçonnerie se donneraient la même tâche : comprendre et restaurer l'harmonie des sphères en utilisant deux formes d'un même langage ésotérique.

On y reviendra. Notons toutefois, dès à présent, que ces explications n'apparaissent que très tardivement, vers la fin du XIXe siècle. Alors, du moins, de semblables correspondances semblent avoir été plus volontiers invoquées par des musiciens proches de l'occultisme postromantique, comme Satie ou Scriabine, que par les francs-maçons eux-mêmes : à l'origine et dans une très large mesure encore, la franc-maçonnerie se fonde sur la révélation vétéro et néo-testamentaire ainsi que sur la pratique tolérante d'une religion établie ou naturelle. Quant à la notion de musique, telle que le pythagorisme et le *quadrivium* classique la définissent (l'ordonnancement rationnel d'un système de sons), elle n'a que peu de choses en commun avec l'art pratiqué en Occident, depuis la Renaissance tout au moins.

La « fraternité » entre la musique et la franc-maçonnerie a aussi été expliquée par le rôle des rites et des cérémonies de l'institution, incitant, comme dans une religion, à la création musicale. De là, comme on l'a remarqué, la formation d'ensembles vocaux et (ou) instrumentaux, ces « chapelles » maçonniques appelées, dès le XVIIIe siècle, *colonnes d'harmonie*. De là, comme on l'a supposé, l'existence d'un langage musical proprement maçonnique qui se traduirait par des formes, un instrumentarium, voire une écriture harmonique spécifique.

On y reviendra également. Il reste que par leur nature, leur caractère, les lieux où elles prennent place, leur assistance, les cérémonies maçonniques n'ont pas, et de loin, l'ampleur et la variété de celles d'une religion. Les sources documentaires et, en particulier, l'iconographie montrent que la musique, pour très présente qu'elle fût dès l'origine dans les loges, y tenait un rôle essentiellement convivial et ornemental. L'insertion de la musique dans le *rituel*, au sens strict de ce terme, semble une innovation assez récente.

D'autres concordances, de nature historique ou sociologique, sont, en revanche, plus éclairantes. C'est dans le même pays (l'Angleterre) et à la même époque (la fin du XVIIe siècle et le début du XVIIIe), qu'apparaissent de nouvelles formes de pratique musicale (le concert en tant que manifestation organisée en dehors de la Cour ou de l'église, puis la « société » de concerts), et que se développent des associations à but spirituel, intellectuel ou culturel dont la franc-maçonnerie ne constitue, d'ailleurs, qu'un exemple particulièrement intéressant. Au cours du XVIIIe siècle les musiciens, dont la condition évolue lentement, mais sûrement, trouveront tout ensemble dans les loges maçonniques la confirmation de la dignité de leur état, un auditoire éclairé et, souvent même, des débouchés.

Aussi le titre, comme le contenu de cet essai, vise-t-il moins la « musique maçonnique », dont on peut contester la réalité en tant que genre, que les rapports nombreux et certains entre l'institution maçonnique et les musiciens, humbles exécutants ou compositeurs illustres, qui s'y firent recevoir.

De même que Virgile narrait les origines de Rome sous la forme poétique de la légende d'Énée, de même les premiers francs-maçons se plaisaient à faire remonter leur histoire au roi Salomon et au temple de Jérusalem. Cette légende fondatrice, que chacun reconnaissait pour telle, s'est peut-être ajoutée au goût du mystère pour encourager les gloses et les hypothèses les plus extravagantes. Quelle qu'ait été leur attitude à l'égard de la franc-maçonnerie, beaucoup d'auteurs, en se recopiant aveuglément les uns les autres, ont souvent démontré qu'une fable cent fois répétée finit par apparaître comme une vérité prouvée. On s'est tenu, ici, aux sources de première main, archives, documents et textes authentiques. De là, la réfutation de quelques mythes qui décevra sans doute les amateurs, fort nombreux, de symbolisme et d'ésotérisme. Heureusement, et par définition, la beauté des légendes ne doit rien à leur véracité...

I

Le rendez-vous de « L'Oie et le Gril »

La franc-maçonnerie, du moins telle que nous la connaissons depuis près de trois siècles, est une invention anglaise. Le jour de la Saint-Jean d'été 1717, quatre loges londoniennes se réunirent à la taverne L'Oie et le Gril (« The Goose and Gridiron ») pour décider de la constitution de la première institution de la franc-maçonnerie « spéculative » : la Grande Loge de Londres.

Sous la forme d'une confrérie de métier, une franc-maçonnerie « opérative » existait en Angleterre depuis très longtemps : le manuscrit *Regius* en atteste le fonctionnement dès la fin du XIVe siècle et des origines plus anciennes encore sont rapportées par la tradition. Ainsi, le roi Athelstan, qui régna de 925 à 941, aurait donné à la compagnie des maçons sa première charte. Plusieurs thèses s'affrontent quant à la façon dont s'opéra la transition entre une organisation purement professionnelle (qui s'assignait cependant des règles religieuses et morales aussi bien que techniques) et une société de pensée. La controverse sort du sujet de cet ouvrage, mais il ne semble pas que la musique ait jamais été pratiquée dans les loges « opératives », du moins de manière habituelle. Au Moyen Âge, si les maçons britanniques participaient, comme les autres compagnies de métier, à certains mystères (*miracle plays*) donnés en divers lieux du royaume, les archives montrent que ces représentations ne comportaient pas de musique. En revanche, le choix de la taverne L'Oie et le Gril par les loges « spéculatives » apparaît comme un curieux présage des rapports futurs de la franc-maçonnerie et de la musique.

Il faut tout d'abord s'attarder un peu autour de la « taverne » anglaise, qui allait tenir une place importante dans l'histoire de la musique et dans celle de la franc-maçonnerie. Le terme de taverne, aujourd'hui, en français, a une vague connotation crapuleuse ou, à tout le moins, populacière. Et, bien sûr, certaines tavernes ne devaient guère attirer les gens respectables. En général, pourtant, la taverne constituait un lieu de rencontre extrêmement fréquenté non seulement par les membres des classes moyennes (artisans, marchands, intellectuels), mais souvent aussi par les aristocrates et même par les ecclésiastiques : c'est un évêque, Earle, qui décrivait ainsi la taverne dès la première moitié du XVIIe siècle : « la récréation de l'homme affairé, l'occupation de l'oisif, le sanctuaire du mélancolique et le havre bienvenu de l'étranger ». Comme beaucoup de *pubs* d'aujourd'hui, leurs héritiers, la plupart des tavernes « bien fréquentées » disposaient de salles particulières, à l'écart du public. La taverne avait du reste de multiples fonctions : les juristes y tenaient cabinet et y recevaient leurs clients, les journalistes y rédigeaient leurs articles, le conseil paroissial s'y réunissait, ainsi que les diverses associations. Les loges maçonniques y trouvèrent tout naturellement abri. En effet, pour éviter qu'une personnalité ait un moyen de pression sur une loge, les francs-maçons anglais s'abstenaient de se réunir dans un domicile privé, et les loges qui y siégeaient en portèrent longtemps le nom.

Enfin, au moins depuis la Restauration (c'est-à-dire depuis le début des années 1660), on y faisait de la musique. Dans certaines tavernes, dénommées « Musick Houses », on donnait de véritables concerts. Ces établissements étaient généralement signalés par un cygne et une harpe, armes de la Compagnie des Musiciens qui exerçait encore un contrôle très strict sur l'engagement des professionnels — le cygne et la harpe constituant donc une sorte de label syndical. Comme une foule de documents l'attestent (en particulier le journal de Samuel Pepys), y participaient souvent des gentlemen amateurs, nombreux dans un pays où la pratique domestique était à la fois répandue et de niveau élevé. Dans certaines tavernes, on trouvait même un orgue, enlevé à une église au cours de la guerre civile.

Or, de manière indirecte et savoureuse, le nom de L'Oie et le Gril était une allusion aux activités musicales de l'établissement. Avant même le grand incendie de Londres, en 1666, une taverne musicale avait longtemps fonctionné sur cet emplacement, à l'enseigne de The Mitre, dans London House Yard, à l'angle nord-ouest du cimetière de la cathédrale Saint-Paul. En 1672, Robert Herbert, le tenancier, céda son bail à un certain Brookes qui, lui, ne se souciait guère de musique. Par déformation ou par dérision, il transforma le cygne en oie et la lyre (ou la triple tresse autour des armes) en gril...

Certes, il ne peut s'agir que d'une coïncidence. Bien qu'une des loges constitutives (qui portera plus tard le titre distinctif d'*Antiquity*) se réunissait déjà à L'Oie et le Gril, il est peu probable que les premiers maçons spéculatifs se souvenaient des soirées harmonieuses de l'ancien tavernier mélomane. Ils n'en vivaient pas moins dans une civilisation où la musique accompagnait toutes les activités : la vie politique, religieuse et familiale, le théâtre (toujours entremêlé de musique depuis l'ère élisabéthaine) et les rencontres sociales. John Banister avait inventé le concert, au sens actuel du terme, dès 1672 et les salles d'opéra se faisaient une concurrence forcenée. Du reste, dans bien des cas, les tavernes ou les *coffee houses* où les loges maçonniques se réunissaient étaient également des « Musick Houses », comme le fameux Dolphin, près de la Tour de Londres, le Green Dragon que fréquentait Samuel Pepys ou le Crown and Anchor, sur le Strand, où se réunit, dès sa fondation en 1710, l'une des institutions musicales les plus importantes de l'époque, The Academy of Ancient Musick.

Dès les premières années, de nombreux musiciens, dont certains fort connus à l'époque, se firent recevoir dans la franc-maçonnerie. L'histoire n'a guère retenu les noms de Raphael Courteville, membre d'une loge qui se réunissait à la taverne The George et qui occupait les charges éminentes de « gentleman » de la Chapelle royale et d'organiste de l'église Saint-James de Westminster, ni de John Immyns qui, en 1741, devait être l'un des fondateurs d'une grande société musicale aujourd'hui encore en activité : la Madrigal Society (sa loge se tenait à la taverne King's Arms, près du cimetière Saint-Paul). Le frère John Shore (1662-1752), trompette du roi et membre de la loge The Griffin, n'a pas non plus été récompensé par la postérité : les musiciens lui doivent pourtant une invention appelée à un immense succès : le diapason à fourche. De tous, la personnalité de Maurice Greene (1696-1755) reste la plus considérable. Élève de Jeremiah Clarke, il fut, à moins de vingt-deux ans, nommé titulaire des orgues de la cathédrale Saint-Paul et devint l'ami intime de Haendel avant qu'une brouille violente ne séparât les deux hommes. On notera en passant que si Haendel n'appartint pas à la franc-maçonnerie, il côtoya cette dernière de près : ainsi Johann Jacob Heidegger (1659-1749), qui demeura de longues années l'associé et l'imprésario de Haendel, était un membre très éminent de la Grande Loge de Londres. Pour en revenir à Greene, celui-ci devint en 1727 organiste de la Chapelle royale et, en 1735, il accéda au poste suprême de directeur de la Musique du roi. Il se peut qu'il ait composé des pièces destinées à sa loge, Ship Tavern without Temple Bar (la taverne Le Vaisseau au-delà de la porte du Temple), mais leur recherche, dans une œuvre énorme, n'a pas encore été tentée. Le cas de Maurice Greene illustre au demeurant le développement des associations de tout genre, favorisé par la liberté dont elles jouissaient en Angleterre depuis la « Glorieuse Révolution » de 1688. Greene fut en effet l'un des fondateurs de la Castle Society, de l'Academy of Ancient Musick, puis de la rivale de celle-ci, l'Apollo Society et enfin, de manière significative, de la Royal Society of Musicians, institution à but philanthropique et mutualiste.

On signalera enfin que le Vénérable Maître (c'est-à-dire le président) de la loge de Maurice Greene était un autre musicien estimable, Charles King (1687-1748), également titulaire des orgues de Saint-Paul, et que les deux surveillants (les adjoints du Vénérable), William Washbourne et Henry Jackson, occupaient des offices canoniaux à la même cathédrale. Ce détail, en apparence mineur, appelle deux observations importantes. On notera d'abord que, dès l'origine, la franc-maçonnerie britannique recruta largement dans l'Église, en particulier parmi les organistes, les chefs de chœur ou les choristes des grands sièges religieux, qu'ils fussent d'état laïc ou ecclésiastique. Ce fait explique, du moins en partie, le caractère des œuvres qu'elle inspira et, surtout, la place que, contrairement au continent, l'orgue y tiendra toujours.

On remarquera aussi la cohabitation paisible de l'institution maçonnique et de l'Église officielle qui, dans une large mesure, se maintiendra jusqu'à nos jours — il en est de même, du reste, dans les autres pays de la Réforme. En fait, Jean-Théophile Désaguliers (un huguenot d'origine française) et James Anderson, que l'on considère comme les pères fondateurs de la franc-maçonnerie « spéculative », étaient tous deux pasteurs. À vrai dire, on peut se demander si ces liens privilégiés avec des « hérétiques » ne comptèrent pas parmi les diverses raisons qui conduisirent Clément XII à condamner la franc-maçonnerie dans sa bulle *In eminenti apostolatus secula* de 1738. La franc-maçonnerie ne put de longtemps, et pour cette raison, s'implanter en Italie, en Espagne ou au Portugal. En France et en Autriche, en revanche, la bulle ne fut pas enregistrée ou sanctionnée par les souverains, aussi catholiques qu'ils fussent.

À peine la première obédience maçonnique était-elle

fondée qu'un texte d'une importance capitale illustrait le caractère profond, institutionnel, des liens entre pratique musicale et pratique maçonnique. Le 29 septembre 1721, la Grande Loge de Londres avait chargé le pasteur James Anderson de « formuler les vieilles constitutions gothiques d'une manière nouvelle et meilleure ». Trois mois plus tard, le travail était terminé, puis approuvé, le 22 mars 1722, par une commission de quatorze frères choisis pour leur érudition. Le *Livre des Constitutions* parut ainsi en 1723. Ce texte fondamental comportait trois parties : une histoire mythique de la franc-maçonnerie, un règlement détaillé (les « devoirs ») dont l'essentiel des dispositions régit toujours l'ordre maçonnique et... un chansonnier. Celui-ci comprenait quatre chants : le chant de l'apprenti *(The Enter'd Prentice's song)*, le chant des compagnons *(The Fellow-Crafts' song)*, le chant des surveillants *(The Warden's song)* et le chant du Vénérable *(The Master's song)*. Ces tout premiers exemples de « musique maçonnique » méritent d'être examinés avec quelque détail.

En fait, le chant de l'apprenti, le plus célèbre, semble même assez antérieur aux *Constitutions* d'Anderson. On en trouve la musique et un texte très proche dans un recueil de partitions, *The Bottle Companions,* sans doute imprimé vers 1710, voire avant. Les *Constitutions* ne donnent que l'air à une seule voix sans accompagnement (*tune*). Anderson l'attribue à Matthew Birkhead, comédien et chanteur au Théâtre royal de Drury Lane, décédé fin 1722. Ce premier musicien de l'histoire de la franc-maçonnerie écrivit probablement les paroles du chant de l'apprenti, mais il ne fit sans doute qu'en arranger l'air : celui-ci, peut-être un vieux timbre irlandais, avait déjà été utilisé sous d'autres formes beaucoup plus « profanes », en particulier dans un recueil intitulé : *The Dancing Master*. Selon Anderson, le chant de l'apprenti devait « être chanté une fois les affaires sérieuses expédiées et avec la permission du Vénérable ». Traduit et adapté dans toutes les langues, il fut longtemps le chant maçonnique le plus populaire. On notera avec amusement que dès le 10 juillet 1725, le *London Journal* publiait une version violemment antimaçonnique de cet hymne fondateur...

On ne connaît pas la musique du deuxième chant, celui des compagnons, dont les paroles sont d'un certain Charles Delafaye, qu'on aura l'occasion de retrouver. Une note des *Constitutions* indique qu'en raison de l'abondance des matières, la partition ne pouvait être imprimée et que la loge à laquelle les auteurs appartenaient en fournirait le manuscrit sur demande. Il s'agit d'un texte où alternent une partie importante de soliste et un refrain de deux vers, repris par le chœur. Il existe plusieurs mises en musique postérieures de ce chant. L'une est signée par un certain « L-M-Y » (identifié comme Ludovicus Mercy, sans doute un honorable amateur), d'autres par des professionnels beaucoup plus connus : John Frederic Lampe (1701-1751), compositeur d'opéras très appréciés à l'époque et Richard Leveridge (1670-1758), chanteur célèbre et auteur de nombreuses — et excellentes — chansons à succès. Leveridge et Lampe appartenaient à la franc-maçonnerie, mais on ne peut cependant assurer que leur partition ait été, à l'origine, composée spécialement pour les loges. Rappelons, en tout état de cause, qu'il était extrêmement fréquent, au XVIIIe siècle, d'adapter de nouvelles paroles à des airs bien connus (chansons, airs d'opéra ou timbres traditionnels).

Le chant des surveillants et celui du Vénérable sont écrits pour un soliste qui dialogue avec un chœur à deux voix ; ils comportent un soutien instrumental dont le registre et l'écriture montrent qu'il était composé pour la viole de gambe, l'un des instruments de prédilection du « gentleman amateur » de l'époque. James Anderson lui-même a versifié les paroles de l'une et de l'autre ; elles retracent l'histoire légendaire de la franc-maçonnerie au long d'innombrables couplets (13 pour le chant des surveillants et 28 pour celui du Vénérable). Mais on ignore le nom du compositeur, que la partition donne comme « un frère ».

À partir de la première édition des *Constitutions*, l'insertion d'un chansonnier dans les textes officiels de la franc-maçonnerie devint, du moins en Angleterre et au XVIIIe siècle, une véritable obligation. En 1738, parut une nouvelle édition, augmentée, de ces *Constitutions*. James Anderson y réduisait l'interminable chant du Vénérable à six couplets (ceux de la troisième partie), ce qui correspondait, sans doute, à la pratique des loges, mais il y ajoutait de nouveaux textes, en particulier des chansons pour rendre honneur au Grand Maître suppléant, au trésorier, au secrétaire et à d'autres dignitaires. Rappelons que ceux-ci, en langage maçonnique les « officiers » d'une loge, sont le Vénérable, le premier et le deuxième surveillants, les officiers chargés de la discipline et/ou du rituel (diacres ou experts), le couvreur et le tuileur qui gardent la porte de la loge, le premier à l'intérieur et le second à l'extérieur, le secrétaire, le trésorier, le maître des cérémonies. Plus tard, dans les loges britanniques, le responsable de la partie musicale (nommée colonne d'harmonie sur le continent), occupera la charge statutaire d'organiste.

C'est cependant dans la charte d'une obédience concurrente que l'on trouve le recueil le plus abondant de chants maçonniques officiels. En 1751, avait été constituée une autre Grande Loge, paradoxalement dite des « Antients », car elle affirmait avoir des origines plus reculées que la Grande Loge de 1717 (désormais appelée loge des « Modernes ») et, surtout, pratiquer une franc-maçonnerie plus authentique. L'animateur des « Antients » était un Irlandais, Lawrence Dermott, réputé, entre autres, pour son goût musical et son talent de chansonnier : un compte rendu d'une réunion de sa loge, tenue en 1753 à la taverne King and Queen, atteste que le Vénérable félicita Lawrence Dermott pour sa dernière chanson, « espérant que les applaudissements de ses frères l'inciteraient à en composer une autre pour la prochaine fête de saint Jean ». Il n'est pas certain que le verbe « composer » s'appliquait aussi bien à la musique qu'aux paroles mais, dans l'ouvrage intitulé *Ahiman Rezon*, rédigé par Lawrence Dermott et publié en 1756 comme la charte des « Antients », on ne trouve pas moins d'une quarantaine de chansons.

À vrai dire, aucun de ces textes ne semble écrit sur une musique originale. Deux d'entre eux sont coulés sur le chant de l'apprenti et la plupart renvoient à des timbres traditionnels ou à des « tubes » de l'époque. Ainsi, *King Salomon, the wise projector* était chanté sur l'air XXXV du fameux *Beggar's Opera* (« L'opéra des gueux », créé en 1728) et *Ye people who laugh at Masons, draw near,* sur l'air IX de ce même « opéra ballade ». Mais Johann Pepusch, signataire de la musique du *Beggar's Opera,* avait déjà fait œuvre de compilateur plutôt que de compositeur et ces deux airs, comme bien d'autres, provenaient d'une source lointaine et anonyme [1]. Trois autres chants étaient ordinairement accommodés sur le non moins célèbre *Rule Britannia,* tiré d'un opéra-comique (*mask*) de Thomas Arne, *Alfred,* créé en 1745 et considéré en Angleterre comme un hymne national bis. Du reste, le *God save the King,* dont l'origine demeure aujourd'hui encore un mystère, servait de thème à *Hail Masonry Divine,* imité du chant des compagnons des *Constitutions* d'Anderson…

La prolifération des chants maçonniques ne se limitait pas, et de loin, aux publications officielles de la Grande Loge des Modernes ou de la Grande Loge des Antients. Dans un pamphlet souvent ironique à l'égard de la franc-maçonnerie, *The New Model,* qui porte la date de 1730, Peter Farmer incluait un certain nombre de chansons, les unes déjà classiques, d'autres non exemptes de moquerie, telle la « Chanson écrite par un franc-maçon et inspirée par le bruit selon lequel les membres de cette société seraient coupables de pratiques sodomites ». La franc-maçonnerie traditionnelle

1. L'air XXXV, chanté par Macheath, *How happy could I be either,* est emprunté au timbre traditionnel *Have you heard a Frolicsome Ditty* (« Avez-vous entendu un petit air folichon ») et l'air IX, chanté par madame Peachum, à celui de : *Oh Jenny, Oh Jenny, Where hast you been* (« O Jenny, O Jenny, où étais-tu passée ? »). L'origine frivole de certains airs maçonniques fut parfois critiquée, mais elle assurait aussi leur succès.

n'ayant jamais admis les femmes, ses adversaires, au XVIIIe siècle tout au moins, ne manquaient d'accuser les frères de goûts « antiphysiques ». La réfutation de ce grief devait constituer, notamment en France, le thème d'innombrables chansons maçonniques. On trouvait également dans le *New Model* une « Chanson chantée par un fils de Bacchus lors d'un banquet bachique de francs-maçons et approuvée par feu le D. de W ». Ces initiales désignent à l'évidence Philip, duc de Wharton, Grand-Maître en 1722-1723, et qui était — justement — réputé pour ses mœurs dissolues. Wharton ne tarda pas à rompre avec la Grande Loge de Londres, puis tenta de la ridiculiser en créant une secte parodique (les Gormogons), s'exila, se convertit au catholicisme (peut-être pour conquérir une belle), complota et mourut à trente-trois ans dans un monastère franciscain d'Espagne en 1731. Comme le *New Model* parle du « feu » duc, la date de parution est donc postérieure à celle indiquée sur la brochure.

En dépit de ce caractère satirique, les textes du *New Model* eurent un très grand succès auprès des frères britanniques. Beaucoup plus respectueux, le graveur Cole publia en 1731 un petit ouvrage intitulé *A curious Collection of Songs*, réédité avec des ajouts considérables en 1735. En fait, la plupart des additions figuraient déjà dans un recueil au titre révélateur : *The Pocket Companion* (« Le guide de poche »), paru un peu plus tôt.

Il serait fastidieux d'énumérer tous les ouvrages du même genre, sans parler des innombrables textes publiés en feuilles séparées. Deux partitions néanmoins, de nature et de qualité beaucoup plus « professionnelles », méritent qu'on les signale. La première, *The Fairy Elves Song* (« La chanson des lutins »), est de Richard Leveridge. Elle met en musique une version adaptée de textes tirés du *Songe d'une nuit d'été*. Son caractère maçonnique reste discret, presque voilé, mais incontestable ; on ne tarda pas à le souligner en y adjoignant un « chœur de maçons ». Selon une hypothèse, très vraisemblable, cette œuvre figurait dans une représentation du *Songe d'une nuit d'été,* donnée pour les seuls maçons, entre 1725 et 1729 ; il n'était pas rare en effet, à l'époque, que des organismes maçonniques se fissent réserver un théâtre pour une soirée privée.

L'autre partition provient assurément de la scène. Sacrifiant à la vogue de l' « opéra ballade », un libraire londonien, William Rufus Chetwood, fit représenter en 1730 et 1731, dans divers endroits, notamment à Drury Lane, et avec un grand succès, une œuvre intitulée *The generous Freemason.* Tout n'était pas vraiment maçonnique dans cette « farce tragi-comique », mais l'un des airs avec chœurs, « *By Masons Art th'aspiring Dome* », devint aussitôt très populaire auprès des frères britanniques. On le devait à Henry Carey (1687-1743), auteur du premier *Faust* de l'histoire de la musique, compositeur d'opéras appréciable et alors fort apprécié. Carey, élève de François-Xavier Geminiani, appartenait probablement lui-même à la franc-maçonnerie.

Comment ces musiques étaient-elles exécutées en loge et, aussi, comment s'inséraient-elles dans le rituel de la franc-maçonnerie de l'époque ? Un poème antimaçonnique de 1726, l'*Ode au Grand Khaibar,* fournit une appréciation fort peu flatteuse de la qualité de l'interprétation vocale :

Pour les Apprentis, on touche la Lyre
Quand les affaires sérieuses sont traitées :
Pour les autres, mieux vaudrait s'abstenir de chanter
La lecture seule serait supportable.
Car ils ne respectent pas la mesure, faussent les accords,
Et arrangent les vers de fort belle manière...

Ce jugement partial semble tout à fait exagéré. Certes, tous les francs-maçons anglais du XVIIIe siècle n'étaient pas des Richard Leveridge et la justesse des voix pouvait parfois paraître approximative, mais jamais, sans doute, la pratique vocale amateur ne fut aussi répandue qu'alors. Les chansons, les *shanties* de marin, les *glees,* frustes héritiers du madrigal, ou les *catches* (canons parfois licencieux) étaient chantés partout et par tous : c'est même à cette vogue exceptionnelle que correspond la floraison des chants maçonniques. On publiait chaque année des dizaines de recueils destinés au grand public et l'on chantait aussi beaucoup dans les clubs et les associations, parfois parodies ou concurrents de la franc-maçonnerie, qui se multipliaient en même temps que celle-ci. Un recueil de chansons un peu postérieur, *Fraternal Melody*, publié à Londres en 1773, s'adressait d'ailleurs non seulement à la « Très ancienne et honorable fraternité des Maçons francs et acceptés », mais aussi au « Très noble ordre des gandins », à « l'Honorable ordre des fils distingués d'Albion » ou aux « Conseillers décontractés de dessous le chou-fleur » et à une demi-douzaine d'associations de la même farine...

Nous avons fort peu de traces, en revanche, d'une pratique instrumentale dans les loges de l'époque — la société dont il sera question dans le chapitre suivant faisant exception. On a vu ci-dessus qu'une partie manifestement destinée à la viole de gambe accompagnait deux chants des *Constitutions* d'Anderson, mais elle ne semble pas avoir un caractère obligé. La présence de certains instruments reste assez peu probable dans la plupart des loges : les luths étaient de moins en moins pratiqués par les amateurs et les instruments à clavier ne s'accommodaient guère de locaux assez réduits : la surface au sol de L'Oie et le Gril, choisie sans doute aussi pour ses dimensions, ne dépassait pas 40 m^2. Restent les violes ou les violons et, peut-être aussi, les instruments à vent, en particulier les bois. On a affirmé que ces derniers se répandirent dans la franc-maçonnerie grâce aux loges militaires, attachées à des régiments qui en disposaient dans leur clique. Ce point a plus d'importance qu'il n'y paraît. Comme on le verra, il a été souvent invoqué par ceux qui affirment l'existence d'une instrumentation et d'une harmonie spécifiquement maçonniques. Rien n'est moins sûr, toutefois. Il faudrait d'abord supposer qu'un nombre suffisant de musiciens régimentaires se soient fait recevoir dans la franc-maçonnerie — comment auraient-ils pu, autrement, assister aux « tenues », terme par lequel les maçons désignent leurs réunions ? On notera aussi qu'on ne comptait qu'une quinzaine de loges militaires britanniques avant 1750, toutes stationnées au loin, en Irlande et en Écosse. Cet isolement constituait du reste la raison même de leur existence.

Sur la place et le rôle de la musique dans les tenues maçonniques, il n'existe aucun document officiel. On n'en sera pas surpris. Sous peine de châtiments terribles (en théorie), l'impétrant jurait solennellement sur la Sainte Bible (sanction infiniment plus efficace) qu'il « n'écrirait jamais ces secrets ni ne les imprimerait, marquerait, sculpterait ou graverait ni ne ferait quoi que ce soit qui permette de les écrire, imprimer, marquer, sculpter ou graver en sorte que puisse apparaître un caractère ou une impression visible susceptible de les faire connaître de manière illicite ». Et, en effet, les « rituels » maçonniques ne seront pas publiés de longtemps (ils auront alors subi de sensibles transformations), tandis que les registres de comptes rendus demeureront inédits.

Mais, dans une institution au développement aussi rapide que celui de la franc-maçonnerie (plusieurs dizaines de milliers de membres dès le milieu du siècle), comment garder un secret ? Aussi parurent, à partir de 1730, toute une série de divulgations qui, rigoureusement confrontées, nous donnent une idée assez claire de ce qui se passait dans les loges.

Nous apprenons ainsi que le rituel maçonnique était fort simple, beaucoup plus simple qu'il ne le deviendra dans l'avenir. Il consistait pour l'essentiel en une série de questions et de réponses (le « catéchisme ») échangées entre le Vénérable et les membres de la loge, assemblés autour d'une table. La tenue et les « agapes », c'est-à-dire le banquet ou les libations, se trouvaient ainsi étroitement associées. Cependant, certains chants maçonniques (en particulier ceux des *Constitutions*) semblent avoir été réservés aux phases les plus sérieuses et d'autres aux libations postprandiales. Si l'on en croit les détracteurs de la franc-maçonnerie, voire des membres éminents de la société[1], le vin — qui appelle la chanson qui elle-même assèche la gorge et incite à boire — n'était guère épargné. Le premier couplet du fameux chant de l'apprenti ne dit-il pas :

> Préparons-nous, mes frères
> Assemblés pour cette joyeuse occasion ;
> Buvons, rions et chantons ;
> Notre vin a du ressort
> Buvons à la santé d'un Maçon accepté.

---

1. On se reportera par exemple à la gravure de William Hogarth, *La Nuit* (dans la série des *Quatre temps de la journée*) qui représente deux frères au retour d'une tenue trop arrosée. Hogarth fut reçu en 1725 dans la franc-maçonnerie, il y appartint jusqu'à sa mort en 1764 et y exerça de très importantes fonctions.

II

Geminiani, dictateur et maître

Dans ces premières décennies de la Grande Loge de Londres, le cas — on pourrait écrire l'affaire — de la Philomusicae et Architecturae Societas Apollini offre la primeur du lien institutionnel qui unira si souvent, au cours du XVIIIe siècle, la franc-maçonnerie et les musiciens.

On ne saurait mieux décrire l'esprit de cette société, placée sous l'invocation du dieu des arts qu'en reproduisant mot pour mot (avec sa typographie caractéristique) le préambule de ses statuts :

LA GÉOMÉTRIE

mère *de tous les* ARTS & SCIENCES *a été et demeure très justement réputée comme une chose entre toutes Excellente et Un Grand Honneur pour les Nations qui l'ont particulièrement Encouragée et Cultivée, ajoutant ainsi non seulement à leur Réputation et à leur Gloire, mais aussi à la Connaissance et à l'Usage des nombreux et Extraordinaires Avantages auxquels son Étude a permis d'Accéder.*

La MUSIQUE *et* L'ARCHITECTURE, *heureux produits de la* **Géométrie,** *ont de telles*

affinités qu'on peut à juste titre les considérer comme deux **Sœurs Jumelles** *et Inséparables.*
Constituant une HARMONIE *parfaite grâce à de justes règles, une Due Proportion & une Exacte Symétrie sans lesquelles on ne peut parvenir à aucun* DEGRÉ DE PERFECTION.

Une STRUCTURE *construite selon les Belles Règles de l'*ARCHITECTURE, *dont toutes les parties sont disposées dans une* HARMONIE *parfaite et plaisante, Surprend l'Œil à chaque Regard, transporte notre Fantaisie vers de Sublimes Pensées et imprime dans notre Imagination de* **Grandes Idées.**

De même la MUSIQUE *par son effet divin charme tous nos Sens, Transporte nos Pensées & Captive l'Âme & Ensevelit toutes nos Afflictions dans son* HARMONIE.

*Si l'*HARMONIE *peut s'assurer sur nos passions un Ascendant tel qu'elle puisse charmer nos Sens, qu'elle préside aussi à nos Actions et les gouverne grâce à ces Vertus Sociales que sont l'*AMITIÉ *et la* LOYAUTÉ.

Les Arts Libéraux et les Sciences ne manqueront jamais de fleurir et de se Perfectionner que dans une Nation où la liberté et la Propriété sont le mieux Assurées et Maintenues ; et, puisque nous jouissons du Bonheur particulier de vivre sous le Règne Propice d'un Roi Très Gracieux Qui **Aime et Encourage** *ces Arts et ces Sciences de manière si Éminente et si Remarquable, nous nous sommes Proposés de créer et d'Établir une Société Mutuelle de Vrais Amis de la* MUSIQUE *et de l'*ARCHITECTURE *(Sciences qui furent toujours Distinguées et tenues dans la plus Grande Vénération par des Personnages de Rang et de Dignité très élevés), grâce à une Fondation de nature Permanente, dont le dessein peut être considéré comme celui d'une Institution Noble et Heureuse, Véritablement Louable en Soi et qui doit lui valoir une Juste et Universelle Approbation*

POUR CES MOTIFS
Une Société
DÉNOMMÉE
PHILO-MUSICAE
et
ARCHITECTURAE
Societas
APOLLINI
Georgio
Imperante
A.D.
MDCCXXIV

Les allusions de ce texte à la franc-maçonnerie ne sont qu'indirectes : on pourrait trouver la référence à la géométrie, « mère de tous les arts et sciences » dans d'autres sociétés scientifiques ou artistiques de l'époque, de même que l'affirmation de l'amitié et de la loyauté comme vertus sociales majeures ou la déclaration de fidélité à la dynastie de Hanovre. Mais l'article 17 de ces mêmes statuts ne laisse aucune place au doute : « Nul visiteur ne sera admis s'il n'est FRANC-MAÇON. »

En fait, à ses débuts tout au moins, la Philo-musicae ne constituait pas véritablement une loge maçonnique. Son premier procès-verbal, en date du 18 février 1725 [1], montre qu'il s'agissait d'une association formée par huit personnes, toutes membres d'une loge régulière qui, comme elle, se réunissait à la taverne Queen's Head, dans Hollis Street. Le président de la Philo-musicae, un certain William Gulston (« négociant »), n'appartenait à la franc-maçonnerie que depuis deux mois. Ce ne fut pas, et de loin, la seule originalité de la société.

1. Avant que le Parlement ne décide en 1751, bien à contrecœur, d'adopter la réforme grégorienne et d'aligner le calendrier anglais sur celui du continent, l'année commençait le 25 mars. De là, la différence avec la date portée dans le texte original.

Pour commencer, il semble bien que l'architecture ne figurait dans son nom qu'à titre de fausse fenêtre. C'est de musique, et de musique uniquement qu'on s'occupa. Et, pour cela, on créa un office tout à fait particulier, confié à un musicien fort important : « Seigneur Francesco Xaviero Geminiani, notre frère éminent et à juste titre applaudi sera le seul Directeur et Dictateur (*dictator*) à vie de toutes nos exécutions musicales et en son absence le Président en exercice. Dans le cas où il mourrait ou dans celui où il quitterait la société, sa marque distinctive sera toujours portée par le Président... » (art. 7).

Geminiani, né à Lucques en 1687, élève à Rome de Corelli et d'Alessandro Scarlatti, travaillait à Londres, comme compositeur, virtuose et professeur de violon, depuis 1714. Musicien indépendant, son talent lui avait valu de très puissants protecteurs (souvent ses élèves), comme le baron Kilmansegge, chambellan du roi George Ier, à qui il dédia ses Sonates op. 1, et le comte d'Essex. Ce dernier put notamment le tirer de la prison pour dettes où l'avait conduit sa passion effrénée de collectionneur (et de marchand) de peintures.

La Philo-musicae fonctionna du 18 février 1725 au 23 mars 1727, un jeudi sur deux. Elle compta en tout trente-neuf membres qui arboraient un médaillon où figuraient leurs armes (la « marque distinctive » dont parle l'article 7 des statuts) — dans le cas de Geminiani ses initiales (F X G) entremêlées, surmontées d'une couronne de marquis — sans que rien de ce que nous savons de lui nous permette de penser qu'il pût prétendre à ce titre. Les registres attestent les visites de quarante-sept autres frères, parmi lesquels Charles Delafaye, auteur du chant des compagnons publié dans les *Constitutions* de 1723 et plusieurs dignitaires de la Grande Loge.

Les minutes de la Philo-musicae sont muettes sur le programme musical des différentes réunions, mais un don de partitions fait par William Gulston nous éclaire sur le répertoire. On y trouve, entre autres :

Tommaso Albinoni : les 6 Symphonies et les 6 Concertos de l'opus 2 ainsi que les 12 Concertos de l'opus 5.

Carlo Antonio Marino[1] : Sonates et Concertos des opus 3 et 6.

Giuseppe Torelli : les 12 Concertos de l'opus 6.

Henrici Albicastro[2] : les 12 Concertos de l'opus 7.

Giovanni Bianchi[3] : les 6 Sonates et les 6 Concertos de l'opus 2.

Haendel : symphonies des opéras *Rinaldo* et *Radamista*.

Bononcini : symphonies des opéras *Astarte* et *Camilla*.

Pepusch : symphonie de l'opéra *Tomyris*.

On ne s'y étonnera pas de l'absence des œuvres de Geminiani : nul doute que l'illustre violoniste apportât lui-même les partitions dont il était l'auteur, mais cette liste inspire plusieurs observations. On constatera d'abord qu'elle ne comporte que des pièces de musique instrumentale. Certes, il est très possible que les programmes de la Philo-musicae aient comporté des œuvres vocales ou chorales — on relève du reste sur le registre des visiteurs le nom d'un chanteur assez connu. Qu'il fût une cause ou une conséquence de la désignation du virtuose Geminiani comme « dictateur », le choix des œuvres offertes par le frère Gulston montre la place tenue par le violon dans les soirées de la Philo-musicae. Et celles-ci, bien plus qu'aux agapes des loges maçonniques, ressemblent étrangement aux concerts qu'un marchand de charbon, Thomas Britton, donna longtemps chez lui à un public choisi, mais profane.

À l'évidence, Geminiani n'interprétait pas seul sonates, concertos ou symphonies d'opéra, c'est-à-dire les préludes des actes ou les intermèdes confiés à l'orchestre, la taille de celui-ci pouvant être réduite à un ou deux musiciens par pupitre. Les autres exécutants se recrutaient sans doute

1. 1671-?, violoniste fondateur de l'école dite de Bergame.
2. 1670-1738, de son vrai nom Heinrich Weissenburg von Biswang.
3. Ferrare 1660-Milan 1720.

parmi les membres et les visiteurs de la Philo-musicae, professionnels ou amateurs de bon niveau, nombreux, comme on l'a vu, dans la bourgeoisie londonienne. On peut imaginer que l'immense réputation de Geminiani comme professeur et, peut-être aussi, le très haut rang social de beaucoup de ses élèves, constituaient un élément d'attraction non négligeable.

La rédaction des comptes rendus de la Philo-musicae suggère enfin que la qualité de franc-maçon, condition nécessaire pour adhérer à la société, n'avait, le cas échéant, qu'une importance additionnelle : on la conférait sur-le-champ aux personnes dont on souhaitait l'admission. Ainsi :

Le 5 août 1725

Après lecture de la requête déposée par M. John E*LLAM en vue d'être créé franc-maçon pour permettre son admission dans cette Vénérable et Très Estimée Société,*

Il est ordonné

Qu'il rejoigne incontinent celle-ci

En conséquence

Ce même jour, M. John E*LLAM a participé à la Société et a été créé Maçon.*

Le problème, c'est que la Philo-musicae n'avait pas le droit de « faire des maçons » (le terme « initier » ne sera couramment employé que bien plus tard). Il aurait fallu pour cela qu'elle fût une véritable loge, dûment enregistrée et patentée par la Grande Loge de Londres et non pas une simple société musicale. Un demi-siècle plus tard, comme on le verra, la loge parisienne L'Olympique de la parfaite estime ne commettra pas la même erreur : elle distinguera soigneusement ses activités proprement maçonniques et ses activités comme société de concerts. En fait, les autorités de la Grande Loge de Londres semblent avoir montré tout d'abord une certaine mansuétude à l'égard de la Philo-musicae. Les sept principaux officiers et fondateurs de la société furent convoqués à la tenue de Grande Loge de la Saint-Jean d'été 1725, sans doute pour régulariser la situation. Ils ne daignèrent pas répondre à l'invitation. En décembre 1725, le duc de Richmond, Grand Maître, adressa une lettre à la Philo-musicae pour demander des explications sur les réceptions irrégulières de maçons à laquelle procédait la société. Les minutes de cette dernière témoignent que la requête fut considérée avec mépris, sinon avec colère : sans doute les contraintes obédientielles étaient-elles encore mal ressenties dans ces toutes premières années de la franc-maçonnerie organisée ; la réaction des membres de la Philo-musicae paraît cependant empreinte d'une suffisance que seule la réputation dont jouissaient leurs soirées musicales semble expliquer. La résistance passive de la société dura jusqu'au printemps 1727, époque à laquelle elle disparut.

Les autorités de l'obédience londonienne n'avaient pas tout à fait tort. La multiplication des incidents au sein de la Philo-musicae montre que les critères de recrutement de celle-ci, probablement fort exigeants du point de vue musical, laissaient à désirer en matière de vertus maçonniques telles que la sagesse ou l'amour fraternel. Entre mars et décembre 1726, on ne compta pas moins de neuf membres « expulsés avec le plus grand mépris en raison de leur conduite scandaleuse et non fraternelle », ce qui constitue assurément un record dans l'histoire de la franc-maçonnerie. Les minutes ne manquent pas de signaler que, comme John Ellam, plusieurs de ces (mauvais) frères « avaient été faits maçons afin de pouvoir être admis dans la société ».

La Philo-musicae devait encore entrer dans la chronique pour une autre raison. À l'origine, la franc-maçonnerie « spéculative » ne comportait que deux grades, au sens que prend ce mot quand il s'agit d'un grade universitaire (en anglais : *degree*) et non dans son acception militaire (*rank* ou *grade*). Ces deux grades étaient celui d'apprenti entré (« Entered Apprentice ») et celui de compagnon du métier (« Fellow Craft »). Le terme de maître ne désignait que les Vénérables ou anciens Vénérables, c'est-à-dire les frères qui présidaient ou avaient présidé une loge, mais il s'agissait d'un titre et non d'un grade conféré selon un rituel particulier ; les titulaires étaient du reste relativement nombreux dans la mesure où, d'ordinaire, les loges anglaises changeaient deux fois par an de Vénérable.

Or, à la date du 12 mai 1725 (soit le 23 du calendrier grégorien), l'entrée suivante apparaît dans le livre des comptes rendus de la Philo-musicae :

Nos bien-aimés Frères et Directeurs
de cette Très Vénérable Société dont les Noms
figurent ci-dessous :
Frère Charles Cotton, Esq[e]*.*
Frère Papillon Ball
ont été régulièrement passés Maîtres
Frère F.X. Geminiani
a été régulièrement passé Compagnon et Maître
Frère James Murray
a été régulièrement passé Compagnon
Témoins :
William Gulston ... Praeses
Coort Knevit
William Jones *Censores*

Autrement dit, ce soir-là, trois membres de la Philo-musicae devinrent « maîtres » sans accéder pour autant à la présidence. Geminiani franchissait même deux échelons au cours de la même réunion — une telle rapidité dans la progression demeurera cependant fréquente au XVIIIe siècle. Le compte rendu de la Philo-musicae constitue la première mention connue d'un troisième grade de la franc-maçonnerie « spéculative », appelé, à plus ou moins long terme, à transformer profondément les rituels et le contenu spirituel de l'institution. Les historiens s'interrogent toujours sur les origines profondes de ce grade, d'un caractère très différent de celui des deux premiers, ainsi que sur les conditions dans lesquelles la Philo-musicae en vint à le pratiquer. Mais il n'est pas indifférent, ici, que le nom d'un musicien important soit lié à cette innovation.

On ignore ce qu'il advint de la « carrière maçonnique » de

Geminiani après que la Philo-musicae eut cessé d'exister. En 1728, le comte d'Essex proposa à son protégé la charge flatteuse de « Maître et Compositeur d'État de la musique en Irlande » qui imposait cependant à son titulaire d'embrasser la confession anglicane, ce que Geminiani, bon catholique, refusa. Le poste échut à son élève le plus fameux, Matthew Dubourg (1703-1767) qui invita maintes fois son maître à Dublin. Demeuré musicien indépendant, Geminiani voyagea du reste beaucoup en Europe, où il ne rencontra guère que des succès. En 1754, l'un de ses chefs-d'œuvre, *La Forêt enchantée*, une partition pour grand orchestre inspirée de *La Jérusalem délivrée* du Tasse, triompha au palais des Tuileries. Geminiani mourut le 17 septembre 1762 à Dublin. Plusieurs tableaux de Caravage et de Corrège figuraient dans sa collection de peintures.

III

Le goût français

Bien que ses origines l'aient marquée de certains caractères très britanniques, la franc-maçonnerie ne tarda pas à se répandre sur le continent et, avec un succès tout particulier, en France. L'accueil qu'elle y reçut correspondait à de fortes attentes d'ordre sociologique, intellectuel ou spirituel, mais il fut favorisé par le développement des échanges entre les deux pays amorcé dès la Régence et, aussi, par une vague d'anglomanie. La prospérité, la liberté dont jouissaient les Anglais suscitaient en France admiration et envie : les *Lettres philosophiques* de Voltaire, parues en 1734, en sont, entre cent ouvrages, un témoignage frappant.

C'est du reste en Angleterre que certains Français éminents se firent recevoir francs-maçons, tel Montesquieu lors d'un voyage à Londres, le 12 mai 1730, auprès de la loge de la Horn Tavern de Westminster — pour l'anecdote, signalons que le comte François de Sade, père du fameux marquis, fut initié à la même tenue. Cependant, faute de documents, les toutes premières années de la franc-maçonnerie française proprement dite demeurent assez mal connues. Profitant de ces obscurités, des auteurs ont affirmé que, longtemps avant la fondation de la Grande Loge de Londres, dès la seconde moitié du XVIIe siècle, des loges maçonniques fonctionnaient dans l'entourage de Charles II Stuart, alors en exil à Saint-Germain-en-Laye. Après la révolution de 1688, ces loges se seraient reconstituées autour de Jacques II, recrutant notamment dans les régiments écossais au service de Louis XIV. Cette thèse, assez répandue autrefois, est maintenant abandonnée par tous les historiens sérieux : aucune preuve documentaire authentique, aussi mince soit-elle, n'a jamais pu en être apportée. À vrai dire, la légende des « loges jacobites » fut forgée de toutes pièces, soit par des auteurs antimaçonniques pour prétendre qu'une « bonne » franc-maçonnerie française aurait préexisté à une « séditieuse » institution étrangère, soit par des francs-maçons dans le but de donner une base historique à certaines innovations de la franc-maçonnerie française — notamment les systèmes de hauts grades dits « écossais », différents de l'esprit originel de la franc-maçonnerie anglaise.

Cette question, fort complexe, sortirait du sujet de ce livre si la légende jacobite n'avait eu quelques rejetons dans le domaine de la musique. On a prétendu, par exemple, que le facteur d'orgues Robert Dallam (1602-1665), qui avait suivi Charles II en France pendant le Commonwealth de Cromwell, appartenait à cette hypothétique franc-maçonnerie des Stuarts. Argument : l'orgue qu'il construisit en 1660 à Saint-Pol-de-Léon (Finistère) possède un buffet orné, comme les loges maçonniques, de carrés blancs et noirs alternés, le « pavé mosaïque ». Certes, l'Évangile de saint Jean (XIX, 13) suggère que le sol du temple de Jérusalem — archétype de la loge maçonnique — était composé de pierres aux couleurs alternées (« lithostroton »). Mais, depuis l'Antiquité, ce type d'ornementation n'a cessé d'être employé dans toutes sortes d'édifices, privés ou publics, religieux ou profanes. On le trouve sur le sol des églises italiennes comme sur celui des demeures bourgeoises de la peinture hollandaise. Dans ces conditions, pourquoi ne pas compter au nombre des francs-maçons Albrecht Dürer (1471-1528) ? Sa *Mélancolie* montre plusieurs instruments bien plus explicites, tels le compas et l'équerre, utilisés ultérieurement comme symboles par la franc-maçonnerie...

La même légende jacobite est à l'origine de l'attribution de la qualité maçonnique à un grand musicien, François Couperin, premier de ces « faux frères » dont il sera question dans le chapitre XI. La « preuve » en serait fournie par le titre de trois pièces pour clavecin : *Les Plaisirs de Saint-Germain-en-Laye* (Livre I, 1er ordre), *Les Culbutes ixcxbxnxs* — lisez : « jacobines » — et *Les Calotins et les calotines ou la pièce à Tretous* (Livre III, 19e ordre). En ce qui concerne les plaisirs de Saint-Germain, Couperin, qui y habitait une charmante maison, ne pouvait-il y goûter que ceux des mystérieuses loges ? Quant aux culbutes, on y verrait une allusion aux malheurs des Stuarts, cryptés naïvement, mais diplomatiquement. Dans sa biographie de Couperin[1], Philippe Beaussant a montré l'inanité de cette interprétation. « Le malheur, dit-il, c'est qu'en 1722 (date de composition de la pièce), Jacques II est mort depuis bien des années (en 1701 exactement), que son fils Jacques Édouard est à Rome depuis sept ans, où il a épousé une Polonaise, et qu'il n'y a plus de milords à Saint-Germain. » Quant aux « calotins », l'affaire est plus rocambolesque encore. Selon les partisans de la thèse « jacobite », il s'agirait d'une allusion au « brevet de calotte » par lequel Louis Travenol, un violoniste que nous allons bientôt retrouver, dénonçait les francs-maçons de son époque. Or, non seulement les pamphlets de Travenol ne furent écrits et publiés qu'une quinzaine d'années après l'œuvre de Couperin et dix ans après la mort du musicien, mais Philippe Beaussant a parfaitement décodé le titre sibyllin de la pièce en question : les « calotins et les calotines » sont les membres d'une association burlesque, fondée en 1702 « pour protester plaisamment contre l'atmosphère pesante et morose qui commençait à régner à Versailles... on y disait du mal d'un peu tout et l'on y riait de ce qui prêtait à rire ».

1. Philippe Beaussant, *François Couperin,* Fayard, 1980.

On pardonnera la longueur de ces développements, indispensables toutefois pour apprécier la prudence avec laquelle il faut accueillir les affirmations de nombreux « historiens » de la franc-maçonnerie. En fait, si la réalité des premières loges françaises est attestée autour de 1730, les premiers comptes rendus dont on dispose portent sur l'année 1736-1737, ceux de la loge dite de Coustos-Villeroy dans laquelle, par un hasard providentiel, les musiciens tenaient une place particulièrement importante. On a respecté, dans les extraits ci-dessous, l'orthographe et la ponctuation originales :

Liste
des noms du Tres Venerable Maitres surveillants et compagnons qui ont composé la première loge reguliere et de ceux qui la composeront dorennavant :

La premiere loge regulière at etée tenue le 18 decembre 1736 par

Le Tres Venerable Maître
Jean Coustos
les deux surveillants
D. Errembault Dudzeele
Ch. J. Baur
. . . .
jacques christophe Naudot

. . . .

Ce jourd'hui Jeudy 14° fevrier 1737 a été tenue Loge par extraordinaire convoquée à la prière de quelques membres, en laquelle a été proposé par le frere Guignon pour etre recu masson

Mons. le duc de Villeroy, duc et pair de France

. . . .

Ce jour-hui 23 mars 1737... le frere Naudot a proposé M. de Clérambault qui a été balloté et admis par tous les frères

. . . .

Ce jourd'hui 24 mars 1737 il a ete tenu Loge reguliere convoquée extraordinairement pour la réception des freres cy dessous

le frere Jeliote

. . . .

Ce jourd'hui 26 mars 1737 a été tenue loge reguliere convoquée pour traiter quelques affaires :
le frere Naudot a proposé de recevoir pour frere le Sr Naudot son fils qui a été balloté et reçu sur le champ par dispense

. . . .

Ce jourd'hui 9 mai 1737... le v.m. Cousteau a proposé aux freres de la part du t.v.m. duc de Villeroy de nommer le frere naudot surintendant de la musique de la loge et ledit frere naudot ayant executé la marche des massons qu'il a composé tous les freres ont donné leur voix pour lui confier le soin de notre musique. Les frères musiciens ont été consultés.

Ainsi, quatre noms de musiciens figurent sur ces premiers procès-verbaux de la franc-maçonnerie française : celui de Jacques-Christophe Naudot (c. 1690-1762) et de son fils, de Jean-Pierre Guignon (1702-1774), de Pierre Jélyotte (1713-1797) et de Louis-Nicolas Clérambault (1676-1749).

On notera, avant toute chose, qu'il s'agissait d'artistes extrêmement célèbres, du moins à l'époque. Naudot était, avec Michel Blavet, le plus grand flûtiste de son temps, également auteur de très nombreuses compositions assez marquées par le style italien. Avec Jean-Pierre Guignon (en réalité Giovanni Pietro Ghignone), la loge Coustos-Villeroy s'enorgueillissait d'un compositeur et violoniste virtuose, rival de Leclair, bientôt premier violon de la Chapelle et de la Chambre du roi et « Roy et Maître des Ménétriers et joueurs d'instruments tant haut que bas ». On peut d'ailleurs juger de son statut social par le fait qu'il parraine dans la loge le duc de Villeroi, fils du maréchal de Villeroi, ancien membre du conseil de régence et gouverneur de Louis XV jusqu'en 1722. Signe des temps, Jean Coustos, diamantaire genevois, qui présidait la loge depuis sa création, céda sa charge au duc trois jours seulement après l'initiation de celui-ci ! Le ténor et contre-ténor Jelyotte, créateur de nombreux opéras de Rameau, était non seulement l'idole des spectateurs de l'Académie royale de musique, mais pratiquait de manière très remarquable le violon, le violoncelle, la guitare et le théorbe, sans parler de ses activités de compositeur... Enfin Louis-Nicolas Clérambault, d'une grande famille de musiciens, titulaire des orgues de Saint-Sulpice et de la Maison royale de Saint-Cyr, demeure l'un des meilleurs compositeurs français du siècle pour cet instrument — auquel, on le verra, il ne se limitait pas.

Que ces premiers musiciens français francs-maçons aient été de grandes vedettes ne doit pas surprendre. En France, en effet, le recrutement se fit tout d'abord dans un milieu social sensiblement plus élevé qu'en Angleterre. Le montant des cotisations en témoigne : quatre louis jusqu'au 19 juin 1737, huit louis à partir de cette date. Or, un violon ordinaire de la Chapelle royale ne percevait *annuellement* qu'un traitement de douze louis (trente pour un chantre ou un organiste) et le fameux Travenol, soliste à l'Opéra, vingt-cinq à trente louis. Sa renommée permettait en revanche à Guignon de recevoir environ 400 louis pour ses services à la Cour, auxquels s'ajoutaient les cachets de ses concerts publics (quinze louis en moyenne par concert)[1].

Les musiciens de la loge Coustos-Villeroy participaient tous, comme compositeurs ou (et) comme interprètes à une entreprise toute récente : le Concert Spirituel. Celui-ci avait été fondé le 22 janvier 1725 pour « établir et faire des concerts publics de musiques spirituelles dans cette ville de Paris les jours où il n'y aura point de spectacle à l'Opéra, comme les trois semaines de Pâques, la Pentecôte, la

---

1. La traduction de ces sommes en monnaie actuelle pose des problèmes très complexes et pratiquement insolubles. À titre indicatif et de manière très grossière, on peut cependant estimer que le louis de vingt livres représentait environ 2 000 francs 1993.

Toussaint, Noël et toutes les fêtes de Vierge et veilles ».

Il s'agissait en fait d'une innovation considérable, appelée à jouer un rôle capital dans la vie musicale française. Pour la première fois, dérogation était faite au privilège de l'Académie royale, qui interdisait à quiconque « de faire chanter aucune pièce de musique entière soit en vers français ou d'aucune langue comme de faire aucun concert dans aucuns lieux pour l'entrée desquels on prendrait de l'argent sans la permission par écrit du concessionnaire de l'Académie royale de musique ». Pour la première fois aussi apparaissait une institution devenue familière : l'orchestre constitué, formé de musiciens de métier, avec un chef et des solistes, qui donne des concerts publics à dates régulières, crée des œuvres nouvelles et tire ses revenus des billets et des abonnements vendus au public. En dehors de l'Opéra, on ne pouvait jusqu'alors en France entendre de musique que dans les salons de la Ville, les fêtes de la Cour et les célébrations de l'Église. Assez vite, du reste, le Concert Spirituel dépassera les limites de son cahier des charges, en inscrivant à ses programmes des œuvres symphoniques et concertantes ainsi que des airs ou des scènes lyriques. L'ensemble de ces programmes (8 000 œuvres exécutées au cours de 1 280 concerts donnés par l'institution, qui subsista jusqu'en mai 1790) constituent une véritable histoire de la musique française, voire européenne au XVIIIe siècle.

Or, les musiciens francs-maçons ne tardèrent pas à occuper au Concert Spirituel une place privilégiée. Dès les premières années de la société, outre les noms déjà cités, on trouve notamment ceux du flûtiste et compositeur Michel Blavet (1700-1768), du violoniste Guido Giovanni Antonio et, naturellement, de Geminiani, qui n'apparaît pas moins de seize fois ! Le mouvement s'accélérera par la suite, en même temps que se développera le recrutement de la franc-maçonnerie française, jusqu'à ce que les musiciens francs-maçons « noyautent » littéralement le Concert Spirituel. Comme on le verra, il y aura dans les années 1780 des concerts où pratiquement toutes les têtes d'affiche, compositeurs, librettistes, chefs d'orchestre et solistes (pour ne pas parler des musiciens du rang), étaient francs-maçons ! Il en sera de même des autres sociétés de concerts fondées sur l'exemple du Concert Spirituel.

Ce phénomène ne s'explique pas seulement par le réseau d'amitiés — et de clientèle — que la franc-maçonnerie pouvait offrir. Dans la structure excessivement rigide de la société française, les loges maçonniques constituaient des lieux où les différences de naissance et de condition se trouvaient, du moins en théorie, mises entre parenthèses. Cette impression d'égalité, si agréable aux membres des classes bourgeoises, ne pouvait que séduire davantage encore les musiciens. À la différence de l'Angleterre, où cette profession jouissait depuis longtemps d'une honorabilité incontestée (les membres de la Chapelle royale y étaient dénommés « gentlemen »), les musiciens français restaient de proches cousins de ces ilotes : les comédiens. On peut même se demander si le nombre particulièrement important de violonistes francs-maçons ne découle pas, en partie, de la réputation de vulgarité dont cet instrument souffrit longtemps en France : un pamphlet contre le violon, particulièrement célèbre et violent, dû à Hubert Le Blanc, parut encore en 1740.

Il faut maintenant revenir à Naudot et à Clérambault, auteurs des premières œuvres musicales françaises destinées ou consacrées à la franc-maçonnerie. Dès 1737, paraissait un recueil intitulé : *Chansons notées de la très vénérable Confrérie des Maçons libres, précédées de quelques pièces de poésie convenables au sujet et d'une Marche, le tout recueilli et mis en ordre par F*re *Naudot.*

Comme l'annonce le titre, cet ouvrage d'une grande importance historique comporte :

— Quatre textes littéraires, soit un poème latin, « traduction en vers par Mr. Gobin » ; une « Apologie des Francs-maçons » par le frère Procope, médecin ; un quatrain du frère Ricault et un poème anonyme, « Les Francs-Maçons, songe ». On y remarquera surtout l'évocation de cette égalité dont on vient de parler :

> C'est ici que l'on voit les plus superbes têtes
> Déposer leurs grands noms aux pieds de mes autels,
> Et malgré la fierté qu'inspire la fortune,
> Ses favoris rangés sous une loi commune,
> Donner le nom de frère au moindre des mortels.

— Six partitions, à savoir, la « Marche des maçons-libres », la chanson des maîtres, la chanson des surveillants, la chanson des compagnons, la chanson des apprentis, un duo pour les francs-maçons, ainsi qu'une « parodie du frère Godeneche sur la marche des francs-maçons » (sur l'air de celle-ci, transcrit en *fa* majeur).

Il faut s'arrêter quelques instants sur les partitions dont l'analyse débouche sur des constatations qui dépassent largement la portée technique de l'exercice. En ce qui concerne la marche, on a vu que Naudot lui-même en avait donné une première audition lors de la tenue du 9 mai 1737 (probablement au clavecin, la flûte étant un peu maigre pour ce genre d'exécution). Dans son recueil, elle est écrite dans la tonalité de *sol* majeur sur trois portées dont seule la première contient des indications instrumentales : « Cors de chasse ou autres instruments » et, plus loin : « Flûtes et hautbois ». On penserait volontiers aux harmonies de ces fameuses « loges militaires » si la deuxième portée ne semblait manifestement composée pour le violon et si la troisième ne comportait une basse chiffrée qui la destine à un intrument polyphonique (le clavecin sans nul doute), éventuellement renforcé par le violoncelle ou la viole de gambe. De toute manière, les loges militaires n'apparaîtront en France que plus tard, à partir de 1744, dans les unités de province. Elles se développeront surtout dans la seconde moitié du siècle et sous l'Empire. En tout état de cause, comme pour l'Angleterre, on ne dispose pratiquement pas d'éléments attestant d'une éventuelle collaboration des musiciens régimentaires à la colonne d'harmonie de ces loges.

Le duo pour les francs-maçons, de forme canonique, rappelle un peu les *rounds* anglais dans lesquels les exécutants semblent courir l'un après l'autre. Marquée d'un chromatisme assez peu fréquent à l'époque, la tonalité fluctue entre *ut* majeur et son relatif mineur et son écriture est plutôt sophistiquée. Les paroles valent qu'on les cite : elles chantent l'âge d'or que la franc-maçonnerie permettrait enfin de retrouver :

> Lorsque sous le règne d'Astrée
> L'innocence guidait nos pas,
> L'on ne voyait pas de combats,
> Ni la terre de morts jonchée ;
> En voici Frère la raison :
> Chaque Homme était un Franc-maçon.
> Tous, les petits comme les grands,
> Sans nulle plainte ni murmure,
> Partageaient également
> Les biens que produit la nature ;
> En voici frère la raison :
> Chaque homme était un Franc-maçon.

Les quatre chansons correspondent, par leur titre et leur destination, aux archétypes des *Constitutions* d'Anderson de 1723. En effet, la chanson des maîtres reprend l'air de la version originale anglaise transcrite un ton plus haut (*sol* majeur au lieu de *fa* majeur). Naudot y ajoute cependant, dans la partie de soliste, des ornements et des sauts d'intonation plus difficiles, pensant sans doute à l'illustre Jelyotte, à qui, tout naturellement, ces partitions devaient être réservées par priorité.

En revanche, les trois autres chansons posent un problème que nous ne sommes pas parvenus à résoudre. Si les paroles sont une adaptation libre, mais assez fidèle de celles des *Constitutions* d'Anderson, leur musique n'a en effet rien de commun avec les partitions anglaises (auxquelles manquait de toute façon, on s'en souvient, l'air de la chanson des compagnons). Le titre même du recueil de Naudot indique

que celui-ci les aurait simplement « recueillies et mises en ordre » et l'on a souvent écrit qu'elles étaient tirées de deux ouvrages de l'époque : celui de La Tierce qui, outre une traduction de l'histoire mythique de la franc-maçonnerie, comporte plusieurs pages de musique notée, et celui de Lansa, important recueil de chansons maçonniques. L'ennui, c'est que la première édition du premier ne parut qu'en 1742 et celle du second en 1744... La deuxième édition des *Constitutions* d'Anderson est, elle aussi, postérieure au recueil de Naudot. En fait, compte tenu de la facture très « professionnelle » de ces chansons, on peut supposer qu'elles furent composées par le grand flûtiste lui-même. Quoi qu'il en soit, le recueil de Naudot connut un très grand succès pendant tout le XVIIIe siècle. On en dénombre une bonne dizaine d'éditions, sans cesse augmentées, sans compter les contrefaçons.

Les circonstances dans lesquelles on exécutait ces pièces musicales rappellent en tout point la pratique anglaise. Comme une abondante iconographie le démontre, la tenue maçonnique proprement dite ne comportait jamais de musique. On réservait celle-ci pour la « salle humide » où l'on se réunissait, ensuite, pour les agapes. Une gravure de l'époque, intitulée *Repas des francs-maçons* nous en donne un tableau significatif. Autour d'une table en U que préside le Vénérable, seul couvert, sont assemblés une vingtaine de participants (dont au moins un prêtre), debout, la main sur le cœur. La table est chargée de bouteilles, de viandes et éclairée de sept chandeliers triples. Dans l'espace libre, on voit un lutrin (sans doute destiné au « surintendant » qui, comme Naudot, dirige la musique de sa loge) et six instruments : quatre violons et deux violoncelles baroques avec leurs archets convexes. Sans doute le second surveillant (à l'extrémité de la branche droite du U) est-il lui-même violoniste, car l'instrument est posé sur sa chaise et non au milieu de la pièce. Il n'y a pas d'instruments à vent ni de clavecin : ce dernier, à l'évidence, n'aurait pu tenir dans la salle.

Les Francs-Maçons, œuvre de Louis-Nicolas Clérambault publiée en 1743, sort du cadre du chansonnier maçonnique proprement dit. C'est en effet une cantate de chambre dans le « goût français » où le compositeur excellait. Écrite pour un soliste (baryton), accompagné d'un violon ou d'une flûte et d'une basse continue, elle comporte trois parties avec pour chacune un récitatif et un air, conformément aux règles du genre — la triade maçonnique n'étant pas en cause ici. À la vérité, cette œuvre semble s'adresser aux « profanes » plus encore qu'aux frères ; *Les Francs-Maçons* répond en effet presque point par point aux attaques dont l'institution faisait l'objet.

En France comme en Angleterre, tout avait commencé par des chansons. L'épigraphe d'une comédie anonyme, *Arlequin franc-maçon,* jouée sur le fameux Théâtre à Nicolet, donne le ton :

COLOMBINE

Eh bien, si tu te faisais franc-maçon ?

ARLEQUIN

Ouf !... ouf !... Je ne veux pas avoir de commerce avec le diable.

Mais les choses ne tardèrent pas à prendre un tour beaucoup plus désagréable. L'offensive fut lancée par le Premier ministre, le cardinal de Fleury qui, réputé s'effrayer même de son ombre, s'inquiétait de ces hommes qui se réunissaient secrètement pour Dieu sait quels desseins obscurs. Que certains fussent des ministres, des grands seigneurs ou qu'ils touchassent de près sa Majesté (Bontemps, valet de chambre particulier de Louis XV, appartenait à la loge Coustos-Villeroy) constituait une circonstance aggravante. Au cours de l'été 1737, les argousins du lieutenant de police Hérault firent une descente au siège de la loge Coustos-Villeroy et en saisirent le registre — nous leur devons, du reste, la préservation de ce document, conservé aux archives. À la fin de cette même année 1737, Hérault tenta une manœuvre qui nous ramène au monde de la musique et suggère de curieux rapports entre celui-ci et le Grand Châtelet. Avide de savoir ce qui se tramait vraiment dans les loges, il donna mission à la danseuse Marie-Armande Carton[1], de l'Opéra, de faire parler sur l'oreiller l'un de ses amants francs-maçons. En recourant à l'immémoriale menace de Lysistrata, la Carton parvint à ses fins et ses révélations parurent, dès le mois de janvier 1738, dans la *Gazette de Hollande*. Pour couronner le tout, en avril 1740, plusieurs francs-maçons furent arrêtés et envoyés à la prison de For-l'Évêque. Parmi eux se trouvait Naudot lui-même qui, comme les autres d'ailleurs, n'y demeura que quelques jours.

On comprend donc le but de la cantate de Clérambault. Dans la première partie, il y chante les vertus de la franc-maçonnerie ; dans la deuxième, il s'y insurge contre les persécutions :

> Mais que vois-je ? Enviés du reste des mortels
> Va-t-on fermer le Temple, abattre nos autels ?

Dans la troisième partie, enfin, il est question de ce fameux reproche adressé aux francs-maçons ;

> À quel soupçon imaginaire
> Sexe charmant vous livrez-vous ?

Comme on a eu l'occasion de le signaler, ce thème inspira en effet au XVIIIe siècle un très abondant chansonnier en Angleterre et en France. Il s'agissait à la fois de justifier l'exclusion des femmes de la franc-maçonnerie et de protester de l'amour que leur vouaient cependant les frères. Chez Clérambault, le registre reste celui de la galanterie, mais on trouve nombre de variations bien plus truculentes, notam-

1. Née en 1685, la danseuse avait alors cinquante-trois ans, ce qui, à l'époque, n'en faisait pas un tendron. Elle était la fille de Florent Carton, dit Dancourt, comédien et librettiste, auteur de l'argument de plusieurs ballets importants.

ment les adaptations d'une vieille chanson, *La Béquille à Barnabas,* populaire depuis le XVIIe siècle. Les couplets originels narraient les malheurs d'un bon père qui avait oublié sa béquille (on n'insistera pas sur l'amphibologie) chez les filles de joie. Parmi plusieurs versions maçonniques, la plus significative est sans doute celle qui parut, en 1744, dans une nouvelle édition du recueil de Naudot. Comme dans la cantate de Clérambault, l'auteur s'adresse au « sexe faible » :

Tu fais assez de maux
Sans troubler nos mystères ;
Tu nous rendrais rivaux
Nous voulons être frères.
Notre chère famille
Redoute les débats
Qu'enfante la béquille
Du Père Barnabas.

Tous les musiciens n'étaient pas acquis à la franc-maçonnerie : l'une des attaques les plus violentes contre cette institution vint en effet d'un violoniste assez connu, Louis-Antoine Travenol. Ce personnage singulier et pittoresque, né en 1698 ou en 1708 (la date reste incertaine) avait été premier violon du roi de Pologne avant d'entrer, en 1737, à l'Opéra et au Concert Spirituel. Travenol, qui se piquait de littérature aussi bien que de musique, publia en 1740 sous le pseudonyme de Léonard Gabanon un *Catéchisme des francs-maçons,* qui contenait, entre autres, le texte des premiers rituels maçonniques. Dans la préface de l'ouvrage, « dédié au beau sexe », l'auteur fait allusion à l'inimitié supposée des femmes et des francs-maçons : « Si toute la Confrérie se déchaîne contre moi, sexe enchanteur, à qui tout rend les armes, j'implore votre secours... » On ignore si Travenol avait appartenu à l'institution. On l'a soutenu, compte tenu de la fidélité de ses révélations, mais il s'en défendait et, de toute manière, il avait pu puiser à d'autres sources, notamment la divulgation anglaise *Masonry dissected,* publiée par un certain Prichard en 1730. La carrière picaresque de Travenol ne s'arrêta pas là : avant de mourir en 1783, il s'en prit successivement à Voltaire, à Rousseau, à Mondonville, aux directeurs de l'Opéra, aux demoiselles Poistry (qui avaient vidé sur lui leur pot de chambre) et à un certain Nez, limonadier de son état. On lui doit, outre ses chicanes, une cantate et un livre de sonates pour violon.

Dans une publication qui faisait suite à son *Catéchisme*, *Brevet de la Calote et Épitre / ... / à un digne Chevalier de la Truelle de ses amis*, Travenol dénonçait comme francs-maçons, entre autres musiciens dont la qualité nous est déjà connue, Jean-Philippe Rameau lui-même. Il n'existe cependant aucune preuve documentaire de l'appartenance du grand musicien à la franc-maçonnerie. On a pensé y suppléer par des présomptions d'ordre purement musical. Ainsi, la scène v de la seconde entrée des *Indes galantes* et tout particulièrement l'invocation de l'Inca Huascar présente une certaine analogie avec un passage cité de la cantate de Clérambault :

> Soleil, on a détruit tes superbes asiles,
> Il ne te reste plus de temple que nos cœurs...

Cet air fut assez rapidement annexé au répertoire des loges, mais sa composition (1735) est cependant antérieure aux entreprises antimaçonniques du cardinal Fleury. On a également vu dans *Zoroastre* (1749), sur un livret de Voltaire, la préfiguration du Sarastro de *La Flûte enchantée*. La référence maçonnique semble cependant ici douteuse : Voltaire, alors plutôt hostile à la franc-maçonnerie, ne s'y fit admettre que bien plus tard, le 7 avril 1778, moins de deux mois avant sa mort. Finalement, c'est Travenol lui-même qui serait le meilleur garant de l'hypothèse d'un Rameau franc-maçon : en dépit du tempérament farfelu du polémiste, la plupart de ses assertions en ce domaine ont été vérifiées. De toute manière, beaucoup de registres de loges de cette première époque ont été perdus et ceux qui nous restent témoignent souvent d'une certaine négligence. L'absence d'informations sur une éventuelle activité maçonnique de Rameau peut encore tenir à une autre raison. Au XVIIIe siècle, il n'était pas rare qu'on se fît recevoir dans la franc-maçonnerie sans pour autant se croire obligé de fréquenter les loges par la suite. Ainsi, pas plus que dans le cas de Rameau, nous n'avons de preuves de la qualité maçonnique de deux musiciens importants, le flûtiste et compositeur Michel Blavet (1700-1768) et Michel Corrette (1707-1795), qui toucha avec bonheur à presque tous les genres. Pourtant le premier, chef de chapelle du prince de Bourbon-Condé, comte de Clermont, Grand Maître de 1737 à sa mort en 1779, composa une *Marche de la Grande Loge* et le second transcrivit pour le clavecin la marche de Naudot. Avec le développement de la franc-maçonnerie et des procédures administratives exigées par les obédiences, ces lacunes deviendront de plus en plus rares.

IV

L'aigle de Prusse

La première loge maçonnique allemande, créée le 6 décembre 1737, prit à l'origine le titre français de Société des acceptés maçons libres de la Ville de Hambourg (plus tard : Absalon aux trois orties). Le lieu comme la langue sont significatifs : Hambourg fut toujours la ville d'Allemagne la plus sensible à l'influence britannique et l'on comptait parmi les fondateurs plusieurs Français ou descendants de Français émigrés à l'époque de la révocation de l'édit de Nantes. Un autre Hambourgeois, Johann Daniel Krafft, avait été initié à Paris dans la loge Coustos-Villeroy.

Dans les premiers temps, l'implantation de la franc-maçonnerie en Allemagne se heurta toutefois à une certaine opposition. À Hambourg, le sénat de la cité hanséatique, alerté contre une société que l'on disait composée de « libre-penseurs, indifférentistes et libertins » lança contre elle une interdiction qui, au demeurant, resta lettre morte. Le plus puissant des souverains allemands, Frédéric-Guillaume Ier de Prusse, partageait ces préventions et, pendant l'été 1739, lors d'une croisière sur le Rhin, une âpre discussion l'opposa sur ce sujet à un prince allemand, membre d'une loge londonienne depuis 1725, le comte de Lippe-Bückenburg. Celui-ci ne parvint pas à convaincre le roi de Prusse mais, on va le voir, ce petit incident eut de grandes conséquences.

Quelques jours plus tard, le baron Oberg, Vénérable de la loge de Hambourg, reçut un message mystérieux du comte de Lippe. Ce dernier lui demandait de se rendre à Brunswick avec une délégation de sa loge, pour y initier « un illustre inconnu ». Fort intrigués, les Hambourgeois acceptèrent l'invitation et, dans une célèbre taverne de Brunswick, rencontrèrent enfin le candidat : le prince héritier de Prusse en personne, alors âgé de vingt-sept ans. Celui-ci, que l'histoire allait connaître sous le nom de Frédéric le Grand, avait assisté à la discussion sur le Rhin et, contrairement à son père, il avait été conquis par les arguments du comte de Lippe.

Dans la nuit du 14 au 15 août 1739, les trois grades d'apprenti, de compagnon et de maître furent ainsi conférés pour la première fois à un musicien allemand. Frédéric méritait parfaitement ce qualificatif : dès sept ans, il commençait l'étude de la basse chiffrée et de la composition ; depuis longtemps, la pratique musicale prenait une très grande place dans sa vie. Lors d'un récent voyage à Dresde, en 1728, Frédéric avait été ébloui par une représentation de *Cleofide*, l'opéra de Hasse, et par sa rencontre avec l'illustre flûtiste, compositeur et théoricien Johann Quantz (1697-1773). Depuis, celui-ci lui rendait régulièrement visite au château de Rheinsberg où le prince maintenait une chapelle de dix-sept musiciens de grande réputation comme Johann Gottlieb Graun, Franz et Johann Benda ou Carl Philipp Emanuel Bach. Frédéric, on s'en doute, ne se serait pas contenté d'en être un auditeur : il y tenait les solos de flûte. Devenu roi, et presque jusqu'à sa mort, le 17 août 1786, il continua à donner concert cinq jours par semaine. Selon Benda, il joua ainsi, en une cinquantaine d'années, trente mille concertos pour flûte (soit une honorable moyenne de deux par soirée). Il en écrivit lui-même quelques-uns, ainsi que cent vingt sonates, plusieurs symphonies, des airs de concerts et des livrets d'opéra...

À peine reçu dans la franc-maçonnerie, Frédéric invita Oberg à fonder à Rheinsberg une loge, dénommée Loge du prince héritier dont il présida lui-même souvent les réunions. Quand il succéda à son père, le 31 mai 1740, Frédéric II ne fit plus mystère de sa qualité maçonnique et encouragea la création de loges un peu partout en Allemagne. Il fonda lui-même au palais de Charlottenbourg la Loge du roi, dite aussi Loge première (en français dans le texte). Il y initia tout de suite son frère cadet Guillaume, ainsi que son beau-frère Frédéric, margrave de Bayreuth, autre passionné de musique. Celui-ci construisit à Bayreuth le fameux opéra baroque et y créa la Loge du soleil, appelée à jouer un très grand rôle dans la franc-maçonnerie allemande. Son épouse Wilhelmine partageait le goût de son mari et de son frère et composait elle-même avec beaucoup de talent. De nombreux autres princes allemands furent reçus dans la Loge du roi et contribuèrent à diffuser rapidement la franc-maçonnerie en territoire germanique. « Non seulement je tolérerai les loges, mais c'est mon devoir de les favoriser », déclarait du reste le roi-flûtiste.

Nous ne connaissons pas de manière détaillée la pratique musicale dans les loges allemandes, mais on peut penser qu'elle ne différait pas de celle des loges anglaises et surtout françaises, dont elle utilisait le répertoire. Les Français occupaient d'ailleurs des charges d'ordre artistique dans beaucoup de cours allemandes, tel Alexandre Gontard, maître de danse et de ballet à Bayreuth et membre de la Loge du château. En fait, dans les premières décennies, la plupart des recueils de chants maçonniques édités en Allemagne (notamment à Francfort, Dresde ou Berlin) étaient en français, langue obligatoire de l'aristocratie et de l'élite. Cependant, la parution à Berlin, en 1746, d'un recueil (anonyme) de *Freimaurerlieder* indique que la bourgeoisie germanophone prit peu à peu une place importante dans la franc-maçonnerie allemande. Il ne semble pas, enfin, que Frédéric II ait tenu à recruter les musiciens de sa chapelle : leurs noms ne figurent pas sur les listes que nous possédons et l'on peut imaginer que des concerts de loge eussent fait double emploi avec ceux donnés quotidiennement à Charlottenbourg ou à Potsdam. Un doute subsiste cependant pour Carl Philipp Emanuel Bach (1714-1788), deuxième fils vivant de Jean-Sébastien. Son appartenance à la franc-maçonnerie n'est pas attestée, mais ses relations étroites avec des francs-maçons éminents comme Lessing et Klopstock, ainsi que l'inspiration de certaines de ses œuvres incitent à se poser la question.

À vrai dire, l'entrée en force des musiciens dans la franc-maçonnerie allemande se manifestera surtout dans les générations suivantes, nées après 1740. Ils seront alors attirés par une franc-maçonnerie philosophique, bourgeoise et nationale, voire nationaliste, fort différente de celle des aristocrates « francomanes » des origines, désormais enlisée dans de fumeux débats sur les hauts grades et la légende templière. Quant à Frédéric II, qui ne cessera pas pour autant de protéger la maçonnerie, ses charges d'État lui laisseront de moins en moins de loisirs pour fréquenter les loges.

Pour la période qui va de 1760 à 1830, la première école de Vienne a monopolisé l'attention de la postérité et ses musiciens ne comptent pas parmi les plus connus aujourd'hui. Leur influence sur la sensibilité musicale allemande du *Sturm und Drang* et, par la suite, du romantisme, fut cependant tout à fait considérable. La plupart d'entre eux travaillèrent en collaboration avec les poètes et les philosophes allemands de leur temps, presque tous francs-maçons eux aussi, comme Lessing et Klopstock, déjà cités, Fichte, Wieland, Herder, Bürger, Friedrich Schlegel, Kotzebue, Moses Mendelssohn (le grand-père de Félix, surnommé le « Socrate allemand »), Nicolai, Jean-Paul Richter, Schroeder et, bien sûr, Goethe lui-même [1]. La lignée se poursuivra avec Körner, Rückert, Chamisso ou Heine. Ces liens, qu'une commune appartenance à la franc-maçonnerie contribua à

1. Mais Schiller, contrairement à une réputation tenace, n'appartenait pas à la franc-maçonnerie.

nouer ou à resserrer, sont ainsi l'une des causes du prodigieux développement de cette forme musicale spécifiquement allemande : le lied. Si l'on considère par exemple la trentaine de recueils de lieder publiés en Allemagne entre 1774 et 1785, on constate que vingt-cinq d'entre eux sont l'œuvre de compositeurs francs-maçons, mettant en musique une large majorité de textes de poètes francs-maçons [1].

Comme en France et en Angleterre, les loges jouèrent en Allemagne un rôle important dans la création de sociétés de concerts, notamment à Berlin, à Magdebourg et à Stettin. Dans leur action individuelle, leurs membres insistaient tout particulièrement sur la nécessité de restituer son prestige à la musique allemande par un enseignement approprié, la création d'institutions musicales n'ayant rien à envier à celles de l'étranger et la mise en valeur du patrimoine, trop négligé, de grands maîtres allemands comme Bach et Haendel. Deux personnalités méritent, à cet égard, une mention spéciale : Johann Friedrich Reichardt (1752-1814) et Carl Zelter (1758-1832).

On ignore encore la carrière maçonnique de Reichardt mais son appartenance à la société ne peut faire de doute : il ne cessa, toute sa vie, de se mouvoir dans les milieux maçonniques et publia, en 1776, un recueil intitulé *Sammlung für freye und angenommen Maurer in Deutschland* (« Recueil pour les Maçons francs et acceptés d'Allemagne »). Il fut maître de chapelle de Frédéric II de 1775 à la mort de celui-ci en 1786 et le demeura sous le règne de Frédéric-Guillaume II avant que celui-ci ne le révoque, en 1794, en raison de ses sympathies pour la Révolution française. En 1783, il avait fondé les Concerts Spirituels de Berlin sur le modèle de ceux de Paris et, en 1789, il composa sur un livret de Goethe, l'un de ses grands amis, *Claudine von Villa Bella*, un *Singspiel* qui indiquait, selon lui, la ligne que l'opéra et le lied allemand devaient suivre. L'œuvre littéraire

1. Marcel Beaufils, *Comment l'Allemagne est devenue musicienne*, Robert Laffont, Paris, 1983.

de Reichardt est presque aussi considérable que son œuvre musicale ; leur oubli, souvent injuste, nous cache aujourd'hui l'immense rayonnement qu'elles eurent en leur temps.

Carl Friedrich Zelter, fils d'un entrepreneur en maçonnerie, étudia lui-même la partie « opérative » du métier avant de se tourner vers la musique et d'adhérer à la maçonnerie « spéculative ». Compositeur de musique vocale et chorale, lui aussi intime de Goethe, il consacra une grande partie de sa vie à l'enseignement musical sous toutes ses formes et dut même, pour cela, renoncer à ses activités maçonniques ; parmi les nombreuses institutions qu'il fonda, on notera les *Liedertafel*, sur le modèle des confréries de maîtres-chanteurs, qui essaimèrent partout en Allemagne. Il fut l'un des grands artisans du renouveau d'intérêt pour Jean-Sébastien Bach : c'est à son instigation que Félix Mendelssohn, son élève, dirigea à Berlin le 11 mars 1829, pour le centenaire de sa création, la *Passion selon saint Mathieu*.

Les autres compositeurs francs-maçons allemands de l'époque ne manquent pas non plus d'intérêt. Après avoir travaillé avec Tartini, Hasse et le père Martini et composé nombre d'opéras italiens, Johann Gottlieb Naumann (1741-1801) défendit ardemment la musique allemande et certains voient en lui un précurseur de Weber. À Dresde, où il appartenait à la loge Les Pommes d'or, il avait acquis une notoriété considérable. On lui doit deux beaux recueils de chants maçonniques parus en 1775 et 1782, ainsi qu'un livre de douze sonates pour harmonica de verre ; l'instrument, alors à la mode, avait souvent une connotation maçonnique, due sans doute à Benjamin Franklin, l'une des personnalités les plus célèbres de la franc-maçonnerie de son temps, qui le perfectionna, et à Röllig, membre d'une loge à Vienne, qui en était un virtuose très réputé. Johann Abraham Peter Schulz (1747-1800) fut un ami intime de Reichardt, qu'il rencontra à Dantzig et qui le recommanda à Frédéric II. Auteur de *Singspiele* et de lieder sur des timbres populaires allemands, il composa plusieurs recueils de chants maçonniques publiés à Berlin, mais aussi à Copenhague où il occupa d'importantes fonctions à la Cour. Son activité maçonnique n'en fut certainement pas affectée : fort bien accueillie au Danemark, comme dans les autres pays scandinaves, la franc-maçonnerie y bénéficia très rapidement d'un statut quasi officiel, le roi occupant, de manière traditionnelle, la charge de Grand Maître.

C'est surtout grâce à l'un de ses élèves, le jeune Beethoven, que la postérité a retenu le nom de Christian Gottlob Neefe (1748-1798). On reviendra à Neefe et à ses activités dans la loge Caroline aux trois paons de Bonn à propos des hypothèses sur l'appartenance maçonnique de Beethoven ; on retiendra ici le recueil de chants maçonniques allemands qu'il publia en 1774. Joseph Türk (1750-1813) exerça la majeure partie de sa vie à Halle. Comme ses frères et amis Reichardt et Zelter pour Jean-Sébastien Bach, il se fit le défenseur de Haendel en terre allemande. Excellent pédagogue, très admiré pour son érudition, il écrivit plusieurs ouvrages théoriques sur la basse continue, le problème du tempérament et la technique du clavier ; Carl Loewe, le grand compositeur de lieder, qui deviendra lui-même franc-maçon, fut l'un de ses élèves. Türk composa plusieurs grandes cantates à la gloire de la franc-maçonnerie, publiées en 1780. Friedrich Himmel (1765-1814), de la loge Sant Johannis de Berlin, connut un certain succès avec des opéras dans le style italien. Les désordres de sa conduite, son penchant excessif pour le champagne et, surtout, la rivalité agressive qu'il manifesta à l'égard de Reichardt ne laissent pas le sentiment d'un « frère » très recommandable. Le catalogue de ses œuvres, assez important, ne semble pas comporter de pièces maçonniques.

Pour mémoire, on signalera encore deux compositeurs un peu marginaux. Allemand établi à Zurich, Philipp Christof Kayser (1755-1823) y appartenait à la loge Modestia cum libertate. Il fréquenta Goethe, écrivit un certain nombre de lieder sur les poèmes de ce dernier, mais abandonna assez vite la musique. Amateur éclairé et touche-à-tout, le comte Hugo von Dalberg (1760-1812), de la loge Jean à l'amour fraternel de Worms, ville où il était également chanoine, excellait au pianoforte. Il s'intéressa à des sujets aussi variés que la météorologie, le droit pénal, la musique indienne et la harpe éolienne... Dans son abondante production de lieder et de cantates, certaines pièces présentent un caractère nettement maçonnique... Enfin, Johann Anton André (1775-1842), d'origine huguenote, reste plus connu comme éditeur (notamment du premier catalogue des œuvres de Mozart) que comme compositeur. Membre de la loge Socrate de Francfort-sur-le-Main, il composa, entre autres œuvres intéressantes, un recueil de 24 chants maçonniques.

Le plus pittoresque de tous ces musiciens francs-maçons allemands du XVIIIe siècle, le baron Charles Ernest Ennal de Bagge, originaire de Courlande, ne ressortit pas toutefois à ce chapitre. On ne sait rien de sa carrière maçonnique en Allemagne et c'est à Paris, à l'âge d'or de la franc-maçonnerie française, qu'on le retrouvera.

V

Les francs-musiciens

Le baron de Bagge (ou de Bogge) était né en 1718. Immensément riche, chambellan de Frédéric II de Prusse, il s'installa à Paris vers 1750 et son hôtel de la rue La Feuillade devint vite le lieu où se donnaient le vendredi « les concerts plus brillants de Paris. Il est fol de musique, écrit Bachaumont dans ses *Mémoires secrets ;* il ne vit qu'avec des musiciens ; et il consacre à cette passion les trois quarts de sa fortune considérable. Il ne vient point de virtuose à Paris qu'il ne veuille voir et entendre, à quelque prix que ce soit. C'est ordinairement chez lui qu'on débute avant de paraître au Concert Spirituel ».

« Malheureusement, poursuit Bachaumont, M. le baron de Bogge a la manie de jouer du violon ; et, quoique plein de goût et de connaissance, quoique ayant le tact excellent pour apprécier le talent d'autrui, il est aveugle pour son propre compte ; il croit ne pas jouer simplement comme un amateur, mais comme un professeur [1] consommé. »

---

1. Quand il s'agit d'art en général et de musique en particulier, le terme, au XVIIIe siècle, doit être entendu au sens de « professionnel ». Celui qui enseigne se nomme alors « maître de musique ».

Le baron de Bagge prétendait avoir été l'élève de Tartini. On rapportait également un compliment pour le moins ambigu de l'empereur Joseph II : « Baron, je n'ai jamais entendu jouer du violon comme vous. » Ses fantaisies et ses bizarreries lui valurent de figurer dans une comédie de boulevard d'Audinot, *La Musicomanie,* sous les traits d'un baron de Steinback, subjugué par un compositeur du nom de Vacarmini. Trente ans après sa mort en 1791 (fut-il, comme on le prétendit, empoisonné par sa maîtresse ?), il devait servir de modèle à un écrivain d'une tout autre envergure, E.T.A. Hoffmann, pour le personnage du conseiller Krespel, dans *Le Violon de Crémone.*

Nous ne saurons jamais vraiment comment le baron de Bagge jouait du violon, mais nous connaissons sa générosité et le nom des musiciens qu'il accueillit, qu'il protégea et, pour beaucoup, qu'il « lança ». Ils comptaient parmi les meilleurs violonistes ou (et) compositeurs de leur temps : Capron, Gossec, Kreutzer, Viotti, Pagin... tous francs-maçons comme le baron.

Il semble bien, en effet, que les musiciens de ces dernières décennies de l'Ancien Régime aient suivi le conseil de Casanova : « Tout jeune homme qui voyage, qui veut connaître le grand monde, qui ne veut pas se trouver inférieur à un autre et exclu de la compagnie de ses égaux dans les temps où nous sommes, doit se faire initier dans ce qu'on appelle la maçonnerie, quand cela ne serait pour savoir au moins superficiellement ce que c'est. »

Après la mort du cardinal Fleury, en 1743, le gouvernement cessa bientôt de « persécuter » la franc-maçonnerie et la société se développa très vite. On comptait une vingtaine de loges à Paris en 1744 ; il y en avait une centaine une génération plus tard. Si l'appartenance de Louis XV et de Louis XVI à la société ne semble qu'une légende, les chefs de l'Ordre (le prince de Bourbon-Condé, puis le duc d'Orléans) furent, de 1737 à la Révolution, de sang royal. On y trouvait la moitié des ducs et pairs, nombre des plus hauts personnages du royaume et même, à partir de 1785, Lenoir, le lieutenant général de police. La bourgeoisie y entrait en masse, avide d'y jouir des joies d'une fraternelle égalité. Comment les musiciens, que leur statut professionnel et social autorisait de plus en plus à se réclamer de cette classe, n'y auraient-ils pas participé ?

Les états de loges (assez nombreux) dont nous disposons pour la deuxième moitié du siècle à Paris permettent, à cet égard, des constatations très intéressantes. Ainsi, les trois quarts environ des musiciens identifiés se répartissent entre une dizaine de loges seulement. Certaines de ces loges présentent d'ailleurs des caractéristiques particulières :

— Saint-Jean d'Écosse du contrat social, fondée en 1766.

— La Candeur, fondée en 1775, dans laquelle beaucoup de musiciens font partie de l'orchestre de la Garde.

— Les Neuf Sœurs, la loge la plus prestigieuse de la franc-maçonnerie française, fondée en 1776.

— La Réunion des arts, fondée en 1776.

— Polymnie, une loge irrégulière fondée en 1777.

— Le Patriotisme, fondée en 1780, qui se réunissait à la cour de Versailles, recrutait dans la Musique du roi.

— Saint-Jean de Palestine, fondée en 1780, dont les musiciens appartiennent souvent au théâtre des Italiens.

— L'Olympique de la parfaite estime, « fille » de Saint Jean d'Écosse du contrat social, fondée en 1782, qui constituera en 1786 la société de concerts L'Olympique.

— Sainte-Cécile, au nom évocateur, fondée en 1784, presque réservée, semble-t-il, aux « professeurs » de musique.

— L'Accord parfait sous Diane, fondée en 1789.

Le tableau illustre la place tenue dans ces loges par les musiciens (page suivante).

On trouve quelques musiciens dans deux ou trois autres loges (Les Amis réunis, La Concorde à la cour de Versailles, Saint-Alexandre d'Écosse), mais très peu ou pas du tout dans les soixante-quinze qui restent. En outre, dans presque tous les cas, les isolés ont manifestement été attirés par un parent (frère ou père du même nom, mais d'une autre profession)

Nom de la loge	*Période couverte*	*Nombre de membres*	*Nombre de musiciens*
L'OLYMPIQUE DE LA PARFAITE ESTIME	1782/1789	438	60
LA RÉUNION DES ARTS	1776/1789	104	15
SAINT-JEAN D'ÉCOSSE DU CONTRAT SOCIAL	1776/1791	494	59
SAINT-JEAN DE PALESTINE	1780/1788	180	10
SAINTE-CÉCILE	1784/1785	28	18
LE PATRIOTISME (à la cour de Versailles)	1780/1788	217	30
LA CANDEUR	1775/1783	157	8
POLYMNIE	1777	15	5
L'ACCORD PARFAIT SOUS DIANE	1789	20	6
LES NEUF SŒURS	1775/1790	258	30

qui y appartenait déjà. De même, très rares sont les loges militaires qui possèdent une colonne d'harmonie. Encore celle-ci demeure-t-elle très réduite : trois musiciens au Bassigny Infanterie, quatre musiciens au Béarn Infanterie, quatre encore à Orléans Infanterie (stationné à l'île de Ré) en 1776 et six en 1789. L'une des loges militaires les plus importantes, celle du Royal Roussillon, ne compte même aucun musicien.

Il semble bien, en fait, que les loges de musiciens aient servi de réservoir en « frères à talent » pour celles qui n'en disposaient pas ; plusieurs loges, civiles et militaires, comportent un « maître de musique » chargé de recruter à l'extérieur (la fonction est expressément indiquée) et, sans doute aussi, d'entonner les inévitables chansons postprandiales. On peut même se demander (et l'exemple des sociétés de concerts, développé plus loin, conforte cette hypothèse) si la concentration des professionnels dans certaines loges ne correspondait pas à une volonté d'organiser, sinon de valoriser la profession. Certains musiciens semblent du reste s'être ingéniés à multiplier leurs chances, en s'affiliant à plusieurs loges à la fois. Le record dans ce domaine est détenu par Louis-Jean Sallantin, flûtiste et « grand hautbois » de la Chambre du roi, membre de La Réunion des arts, des Neuf Sœurs, de Saint-Jean d'Écosse du contrat social, du Zèle et de La Concorde (loge et chapitre).

Les états des loges montrent également que leurs musiciens appartenaient à l'élite de la profession. Ainsi, dans la liste de Saint-Jean d'Écosse du contrat social (voir tableau en fin de chapitre), nous avons pu, sans difficulté, en identifier quarante-trois sur cinquante-neuf, compositeurs, virtuoses ou « supersolistes » (comme on dirait aujourd'hui) des grandes institutions musicales. Sans reproduire ici les états des autres loges de musiciens (qui fournissent des résultats analogues), la liste des gloires musicales de cet âge d'or de la franc-maçonnerie française est éloquente :

L'Olympique de la parfaite estime

Nicolas Dalayrac (1753-1809), compositeur d'opéras-comiques très appréciés, dont deux airs au moins sont passés à la postérité : « Quand le bien-aimé reviendra » tiré de *Nina ou la folle par amour* et « Vous qui d'amoureuse aventure », de *Renaud d'Ast* dont l'air devint sous la Révolution, puis sous Napoléon : « Veillons au salut de l'Empire », rival de *La Marseillaise* comme hymne national.

— Giuseppe Maria Cambini (1746-1825), compositeur italien fixé en France dès 1770 et auteur d'une œuvre gigantesque (et souvent très intéressante) : 82 symphonies concertantes, 15 concertos, 9 symphonies, 114 quintettes et 148 quatuors à cordes, une centaine de trios et plus de 150 duos, sans compter une quinzaine d'opéras, des motets, des oratorios, des hymnes révolutionnaires... et deux ouvrages de théorie !

— Le baron de Bagge.

— Joseph Boulogne, chevalier de Saint-George (1739-1799), violoniste de génie et compositeur de talent, l'un des plus extraordinaires personnages du XVIIIe siècle. Mulâtre, bâtard d'un très haut personnage, propriétaire aux Antilles, et d'une belle esclave noire, il appartenait également à la loge Les Neuf Sœurs sans figurer sur les états, en raison de ses origines. Outre des symphonies et des concertos, il écrivit un opéra-comique sur un livret de son ami Choderlos de Laclos, comme lui franc-maçon et, sans doute aussi, agent plus ou moins secret du duc d'Orléans, futur Philippe-Égalité, Grand Maître du Grand Orient de France. Non moins doué pour les exercices physiques, on le considérait comme le meilleur escrimeur de son temps. Un combat célèbre l'opposa à Londres, devant le prince de Galles, à son « frère » le chevalier d'Éon, membre de la loge de Tonnerre (preuve indiscutable, entre autres, de la masculinité de ce personnage ambigu). Saint-George, soliste et chef d'orchestre du Concert de L'Olympique, négocia la commande et dirigea la création des six symphonies « parisiennes » de Joseph Haydn.

— Étienne Nicolas Méhul (1763-1817), futur auteur du *Chant du départ*, du *Jeune Henri* et de quatre symphonies qui font date. Lorsqu'il apparaît, en 1786, sur les états de la loge, Méhul vient seulement de commencer sa carrière et n'a encore publié qu'un livre de sonates pour le clavecin.

— Guillaume Navoigille (1745-1811), violoniste, chef d'orchestre et compositeur de symphonies et de musique de chambre. On lui attribua parfois, et à tort, la paternité de *La Marseillaise*.

— François Devienne (1759-1803), l'un des meilleurs flûtistes et bassonistes de son temps, excellent compositeur d'œuvres concertantes et de musique de chambre, destinées le plus souvent aux instruments qu'il pratiquait.

— Dominique-Pierre-Jean Garat (1762-1823), chanteur, l'une des idoles des foules de son époque.

— François-André Danican Philidor (1726-1795), le dernier et le plus talentueux d'une longue lignée de musiciens qui remontait à Louis XIII. Son demi-frère Anne (qui avait quarante-cinq ans de plus que lui !) fonda le Concert Spirituel. Illustrissime maître d'échecs, ce fut aussi un compositeur de grand talent dont les opéras-comiques (*Le Sorcier, Tom Jones*, etc.) n'ont pas vieilli. Il devint sans doute franc-maçon au cours de l'un de ses fréquents voyages à Londres, où son oratorio *Carmen saeculare* fut créé au Free Masons'Hall.

— Le marquis Charles-Pierre-Paul Savalette de Langes (1745-1798 ?), qui partagea sa vie entre des aventures sentimentales fort agitées, le violoncelle où il excellait et la franc-maçonnerie dont il demeure une des grandes figures. Savalette de Langes fonda plusieurs loges célèbres de l'histoire maçonnique française, Les Amis réunis, Le Centre des amis et L'Olympique de la parfaite estime, ainsi qu'une grande société de bienfaisance, La Maison philanthropique.

— Nicolas-Étienne Framery (1745-1810), écrivain, compositeur, fondateur de revues musicales et l'un des organisateurs du Conservatoire de Paris. Il créa la première agence de perception de droits d'auteur, ancêtre de notre Sacem.

La Réunion des arts

— François-Joseph Gossec (1734-1829), sans doute le plus grand des compositeurs français (en fait d'origine belge) de l'époque. Il fonda le Concert des Amateurs dont la loge L'Olympique prit la suite et dirigea le Concert Spirituel de 1773 à 1777. Auteur d'une célèbre *Grande Messe des morts* (1760) et de très remarquables symphonies, il allait également s'illustrer par ses œuvres pour les fêtes révolutionnaires.

Saint-Jean d'Écosse du contrat social

— Antonio Sacchini (1730-1786). Après avoir longtemps séjourné en Angleterre, ce compositeur d'opéras italien — mais de style gluckiste — vint en 1781 se fixer à Paris où plusieurs de ses œuvres avaient déjà triomphé dans une traduction du frère Framery. Sacchini mourut, de chagrin paraît-il, après l'injuste échec de son chef-d'œuvre, le préromantique *Œdipe à Colone*.

— Giovanni-Battista Viotti (1755-1824). Considéré comme le plus grand violoniste de son temps, il venait tout juste de s'installer à Paris quand il fut initié (ou affilié) à cette loge en 1783. Plusieurs de ses vingt-neuf concertos pour violon restent aujourd'hui des classiques.

Saint-Jean de Palestine

— Luigi Cherubini (1760-1840), futur directeur du Conservatoire, compositeur d'opéras (*Médée*), de messes et de requiems, que Beethoven tenait, à juste titre, pour l'un des plus grands de sa génération. Son nom figure pour la première fois sur l'état de la loge (comme maître) en 1784-1785. Or Cherubini ne séjourna pour la première fois à Paris qu'en juillet 1785 et ne s'y installa qu'en 1787. Il faut donc en déduire que son initiation eut lieu soit lors d'un très court passage, fin 1784, sur le chemin de l'Angleterre, soit à Londres même. Dans l'un et l'autre cas, on ne manquera pas de constater l'attrait (et les avantages ?) que la franc-maçonnerie pouvait présenter pour un très jeune musicien, tout attaché qu'il fût au catholicisme romain. En 1786, Cherubini composa pour L'Olympique de la parfaite estime une cantate au titre ambitieux et significatif : *L'Alliance de la musique à la maçonnerie : Amphion élevant les murs de Thèbes au son de la lyre*. Toutefois, selon le catalogue dressé par Cherubini lui-même, cette cantate n'aurait jamais été exécutée et le compositeur en réutilisa des éléments dans d'autres œuvres, en particulier l'ouverture d'*Anacréon*.

— Girolamo Crescentini (1762-1846), castrat célèbre et compositeur dont la présence sur les états de la loge (comme maître, en 1784) ne laisse pas de surprendre. D'une part, en effet, la franc-maçonnerie n'admettait en principe que des hommes ne présentant aucune inaptitude physique majeure. D'autre part, Crescentini ne figure sur aucun programme de l'époque : c'est en 1806 qu'il s'installa en France, « enlevé » à Vienne par Napoléon qui l'admirait beaucoup.

Le Patriotisme (à la cour de Versailles)

— Louis Augustin Richer (1740-1819). Membre d'une grande famille de musiciens, il connut un très grand succès à l'époque à la fois comme baryton et comme falsettiste. À l'époque de son appartenance à la loge, il était maître de musique de la famille royale.

— Claude Simon (*ca* 1735-après 1785), maître de clavecin des Enfants de France, également compositeur.

— Jean-Baptiste Nicolas Marrigues (1737-1834), organiste de Saint-Louis de Versailles.

— François Giroust (1737-1799), surintendant de la Musique du roi, auteur d'une musique funèbre maçonnique, *Le Déluge*.

— Joseph Bucchiarelli, dit Josephini ou Josefini (?-?), un autre castrat. Il appartint à la Musique du roi de 1774 à 1792 et l'on retrouve encore son nom dans la Chapelle de Charles X.

Les Neuf Sœurs

— Nicolas Dalayrac, déjà cité parmi les membres de L'Olympique de la parfaite estime.

— Le baron de Bagge, membre lui aussi de plusieurs loges.

— Niccolò Piccinni (1728-1800). Considéré en son temps comme l'un des tout premiers compositeurs d'opéra, il s'était installé en France en 1776. Il y fut acclamé par ses partisans comme le maître de l'opéra à l'italienne et opposé (malgré lui) à Gluck, maître de l'opéra allemand. Après la fameuse « querelle des Bouffons », la guerre des « piccinnistes contre les gluckistes » suscita d'interminables et aigres débats. Son fils, Alexandre Piccinni, également chef d'orchestre et compositeur, appartenait à la même loge.

— Pierre-Joseph Candeille (1744-1827), chanteur (basse) et compositeur d'une vingtaine d'opéras intéressants, ainsi que d'un « remake » du *Castor et Pollux* de Rameau.

Les Amis réunis

— Johann Paul Aegidius Schwartzendorf, dit Martini l'Allemand (1741-1816), chef d'orchestre et compositeur. Ses opéras, tel *Sapho,* eurent beaucoup de succès, mais la postérité n'a retenu de lui que sa fameuse romance *Plaisir d'amour.*

La Concorde (à la cour de Versailles)

— Rodolphe Kreutzer (1766-1831), élève de Stamitz, violoniste célèbre et dédicataire de la fameuse sonate de Beethoven. On lui doit de nombreuses compositions (concertos, symphonies, quatuors et ouvrages lyriques) ainsi que des études pour violon demeurées classiques.

La Douce Union

— Claude-François Clicquot (1762-1801), dernier de la dynastie des grands facteurs d'orgues.

Le Point parfait

— Jacques Marie Beauvarlet-Charpentier (1766-1834), organiste de Saint-Germain-des-Prés et de Saint-Eustache, également compositeur. (C'était le fils de Jean-Jacques Beauvarlet-Charpentier, organiste de Notre-Dame de Paris.

Cette abondance de talents permettait à la franc-maçonnerie parisienne [1] une activité musicale tout à fait considérable. On observera cependant que la composition de pièces à caractère maçonnique n'y prenait qu'une part négligeable. Certes, de très nombreux recueils de chants maçonniques furent publiés (et réédités) au cours de cette période, mais peu d'entre eux comportaient des planches de musique notée et moins encore de partitions originales. Comme précédemment, l'immense majorité des mélodies sont tirées du trésor inépuisable des timbres populaires, des romances à la mode et des airs d'opéra à succès. On compte très peu d'œuvres

1. Il ne semble pas en avoir été de même en province, en dépit de l'existence de sociétés de concerts, au demeurant diversement animées. La centralisation à Paris de la vie musicale n'est pas un phénomène récent...

plus ambitieuses. La plus conséquente, encore que son caractère maçonnique puisse être discuté, le *Carmen saeculare* de Philidor, ressortit à l'histoire musicale de la franc-maçonnerie anglaise. Il ne fut « monté » en France qu'après sa création à Londres, d'abord lors de concerts organisés par l'auteur, puis, de manière fragmentaire, au Concert Spirituel. On a cité plus haut la cantate inédite de Cherubini et la musique funèbre de Giroust; il faut y ajouter *La Franc-Maçonnerie,* « cantique avec musique en forme de Vaudeville » (!), paroles de Chauvin, musique de Dumont — le nom de ce dernier ne figure pas parmi ceux des musiciens identifiés dans les états des « ateliers » parisiens. Sans doute s'agit-il d'un amateur comme l'un de ses contemporains, le frère Rouget de l'Isle, de la loge Les Frères discrets à Charleville, qui excellait alors à composer des romances.

À vrai dire, la musique que l'on exécutait au sein des loges, que ce fût dans les concerts après les tenues ou à l'occasion de cérémonies exceptionnelles, n'avait rien de spécifiquement maçonnique. On peut en trouver un exemple très significatif dans quelques-unes de ces cérémonies, organisées par la fameuse loge Les Neuf Sœurs.

La première fut l'initiation, à quatre-vingt-quatre ans, de Voltaire, le mardi 7 avril 1778. On comprend que la réception dans la franc-maçonnerie du plus célèbre écrivain du royaume — et même d'Europe — en son siècle ait exalté la loge, quelles que fussent les illustrations qui la composaient déjà et en dépit de certaines piques contre la société lancées par Voltaire au cours de sa longue existence. Après que les secrets du grade lui eurent été communiqués, un orchestre dirigé par le violoniste et compositeur Nicolas Capron (1740-1784), membre des Neuf Sœurs, exécuta la première partie d'une symphonie d'Alexandre Guénin. Celui-ci n'était d'ailleurs pas franc-maçon et il ne semble pas qu'il le devînt jamais. On peut penser que Capron avait choisi cette œuvre parce que Guénin (1744-1825), brillant violoniste, avait été son élève et aussi, sans doute, parce que cette symphonie, donnée par trois fois au Concert Spirituel l'année précédente, y avait obtenu un très grand succès. Pendant qu'on couronnait de lauriers le vieillard et qu'on lui remettait les gants et le tablier, divers morceaux (on ne sait pas lesquels) furent exécutés par les musiciens de la loge : Joseph et François Caravoglia, hautbois et basson, Sallantin aîné et Sallantin jeune, hautbois et flûte, les deux cornistes Palsa et Turschmidt et un certain Olivet dont seul le nom figure sur le tableau de la loge, sans prénom ni profession. Nul doute que le baron de Bagge, présent, ne fût partagé entre le désir de suivre la cérémonie et celui de tirer son violon de l'étui... C'est au cours du banquet, la cérémonie terminée, qu'on donna la seconde partie de la symphonie de Guénin.

Les circonstances allaient bientôt donner aux Neuf Sœurs l'occasion d'une nouvelle cérémonie mêlée de musique en l'honneur de Voltaire mais, cette fois, sur le mode funèbre. Moins de huit semaines après son initiation, le 30 mai 1778, Voltaire mourait. L'apothéose maçonnique de Voltaire eut lieu le 28 novembre suivant. En pleine guerre entre partisans de l'opéra allemand et partisans de l'opéra italien, la direction musicale avait été confiée à Niccolò Piccinni lui-même. On peut du reste se demander pourquoi le compositeur, alors au sommet de sa gloire et plus ancien sur le tableau des Neuf Sœurs que Capron, ne s'était pas occupé de la musique lors de l'initiation de Voltaire ; peut-être, mais ce n'est là qu'une supposition, parce que celui-ci avait énergiquement pris parti pour Gluck... Piccinni témoigna cependant de sa largeur d'esprit en choisissant, pour ouvrir la cérémonie, la « Marche des prêtres » de l'*Alceste* de son rival. Au cours des différentes phases de la cérémonie, on entendit ensuite, exécutés par un orchestre composé des meilleurs solistes (tous francs-maçons), un passage de l'*Ernelinde* de Philidor et deux airs, l'un de *Castor et Pollux* de Rameau, l'autre du *Roland* de Lully, mais dont le poète Charles Garnier avait changé les paroles afin de les accommoder à la gloire de Voltaire. Pour conclure la cérémonie sur une note plus triomphale, « une symphonie agréable remplaça les accents lugubres ». On ne connaît pas l'auteur de cette musique mais on imaginerait volontiers qu'il s'agissait de Piccinni.

Nous possédons moins de détails — et pour cause, comme on va le voir — sur une troisième cérémonie en musique. Le 22 février 1779, Les Neuf Sœurs sacrifièrent à une mode qui commençait à se répandre, celle des « tenues d'adoption » où l'on recevait les personnes du beau sexe selon un cérémonial particulier. Les *Mémoires secrets* nous relatent l'affaire : « Tout était en apparence disposé à merveille, les plus jolies femmes et les plus qualifiées de la Cour s'y étaient rendues en foule ; mais le peu d'ordre a fait dégénérer cette assemblée en une cohue, où l'on n'a jamais pu obtenir le silence nécessaire pour les orateurs, les poètes, les musiciens. »

En tout cas, c'est au sein des sociétés de concerts que la franc-maçonnerie française des dernières décennies de l'Ancien Régime exerça son action la plus profonde et la plus soutenue. Ces sociétés, rappelons-le, eurent une influence déterminante sur la vie musicale du temps — et des temps à venir. Au public, ils offraient la possibilité d'écouter fréquemment, et dans les meilleures conditions, d'autres œuvres que celles du répertoire lyrique ou religieux, en particulier des pièces symphoniques et concertantes. Ils permettaient aux musiciens une pratique « libérale » de leur métier et, partant, une certaine indépendance morale et financière. Enfin, les compositeurs y trouvaient un moyen incomparable de faire entendre leurs œuvres, témoignant ainsi de l'évolution des genres et des langages ; entre 1725 et 1790, le seul Concert Spirituel mit à ses programmes 1 253 œuvres différentes, dont une grande majorité de créations.

On a vu au chapitre III que, dès l'apparition de la franc-maçonnerie en France, les adeptes furent nombreux dans les rangs du Concert Spirituel. Ce mouvement ne cessa de s'amplifier à partir des années 1750. Dès lors, il est pratiquement impossible de trouver un concert dans lequel, sans compter les musiciens de l'orchestre, ne se produise en soliste et (ou) comme compositeur, un franc-maçon. On ne relève pas moins de cent de ces têtes d'affiche sur les registres de loges que nous possédons. Ils ne tardent pas à y devenir la majorité, souvent écrasante, comme le montre le programme du concert du 4 avril 1790, nullement exceptionnel à cet égard (les noms des musiciens francs-maçons sont indiqués en gras) :

Symphonie (n° ?)	de	**Haydn**
Scène française	de (?) chantée par	**Chéron**
Rondo	de	**Berton**
	chanté par	**Lays**
Concerto pour clarinette	de et par	**Lefèvre**
Scène française	de	Deshayes
	chantée par	Mlle Rousselois
Symphonie en ut (sans doute la 82e ou la 92e)	de	**Haydn**
O salutaris	de	**Gossec**
	chanté par	**Chéron, Lays** et **Rousseau**
Le Sacrifice d'Abraham	de et par	**Chardini**
Symphonie concertante pour flûte, hautbois, cor et basson	de	**Devienne** par l'auteur, **Sallantin,** Lebrun et **Ozi**
Te Deum	par	**Martini**
		Mlle Rousselois, **Lays, Rousseau** et **Chardini**

L'autre grande société de concerts avait un caractère encore plus ouvertement maçonnique. En 1769, Gossec (était-il déjà franc-maçon ?) avait fondé « le Concert dit des amateurs, ou de l'hôtel de Soubise, le plus fameux qui ait existé en Europe, réunissant les plus habiles artistes de Paris dans toutes les parties » (Gossec *dixit*). Deux riches personnages en assuraient la responsabilité financière : le fermier général Charles Marin de La Haye des Fosses, régisseur des tabacs et le baron Claude-Jean Rigoley d'Ogny, intendant général des postes. Associant, comme son nom l'indiquait, des professionnels réputés et de grands amateurs [1], il connut pendant une dizaine d'années un succès considérable. L'orchestre était le plus nombreux du royaume et comptait, par exemple, soixante violons, altos, violoncelles et contrebasses (contre quarante-trois à l'Académie royale de musique et quarante au Concert Spirituel). La société ne se contenait pas d'exécuter, elle commandait et faisait imprimer les œuvres. À partir de 1773, quand Gossec prit la responsabilité du Concert Spirituel, le chevalier de Saint-George en assura la direction. L'institution coûtait fort cher et dépendait étroitement des administrateurs dont la générosité n'avait d'égale que l'amitié qu'ils témoignaient aux musiciens. Gossec écrit, dans la préface de la partition gravée de la *Messe des Morts,* qu'il dédie en 1780 à ces mécènes : « Des encouragements que vous leur donnez [aux musiciens], le plus puissant, je ne crains pas de le dire, est la noble distinction avec laquelle vous les traitez. Élever l'âme des artistes, c'est travailler à l'agrandissement des arts. Voilà ce que n'ont jamais senti ceux qui usurpent le titre de protecteurs, plus soigneux de l'acheter que de le mériter. »

En janvier 1781, on annonça la dissolution de la société, consécutive, semble-t-il, aux graves difficultés financières de plusieurs de ses membres. Presque simultanément, la loge L'Olympique de la parfaite estime fondait une nouvelle institution musicale, la Société olympique, dont les constitutions ne faisaient pas mystère du caractère particulier : « L'origine et la nature essentielle de la Loge et Société

1. En une époque où le mode de vie permettait à beaucoup de riches amateurs de se consacrer à la pratique de leur instrument, il n'était pas rare qu'ils parvinssent à un niveau très élevé d'exécution.

olympique est essentiellement maçonnique. Son objet principal... est l'établissement à Paris d'un concert qui puisse à quelques égards remplacer la perte du Concert des Amateurs... »

On se demande, après cela, comment certains auteurs ont pu contester la continuité entre le Concert des Amateurs et la Société olympique. Marin de La Haye et le chevalier de Saint-George, par exemple, figurent dans l'une et l'autre association. Quant au comte Claude-François Rigoley d'Ogny, Vénérable de la loge L'Olympique de la parfaite estime et animateur infatigable de la Société, il n'était autre que le second fils du baron d'Ogny (avec qui on l'a parfois confondu), l'un des fondateurs du Concert des Amateurs. Ce dernier se trouvait donc déjà, du moins en partie, entre les mains de francs-maçons et l'on se rappelle les termes de la dédicace de Gossec, qui évoquent la chaleur fraternelle chère à l'idéal, sinon à la pratique maçonnique.

L'Olympique de la parfaite estime ne renouvela pas l'erreur commise, un demi-siècle auparavant, par la Philomusicae de Londres — dont, au demeurant, les Français n'avaient sans doute jamais entendu parler. La loge maçonnique proprement dite (trente-neuf frères seulement en 1786) était soigneusement maintenue distincte de la société de concerts même si l'on exigeait la qualité de franc-maçon des 438 [1] membres qui la composaient. Les constitutions stipulaient en effet : « On ne peut être membre de la Société sans être ou devenir Maçon, mais, une fois admis, ses membres ont la liberté de suivre ou de négliger la suite des travaux maçonniques au-delà du premier grade ou Apprenti. »

À vrai dire, la structure complexe de l'organisation témoigne d'un juridisme à la française dont les Britanniques ne s'étaient pas embarrassés. Il y avait tout d'abord les administrateurs, pris parmi les 22 membres de la loge proprement dite ayant adhéré à la société. Ils étaient

1. Les effectifs donnés ici sont ceux du tableau de la loge pour 1786.

responsables sur leurs deniers de la gestion financière de l'association. Le poids de cette responsabilité se mesure au montant des dettes laissées à sa mort en 1790 par le comte d'Ogny : 100 000 livres, soit environ 10 millions de francs d'aujourd'hui. Il est vrai que le comte avait accumulé l'une des plus grandes collections de partitions de son temps. On comptait ensuite 363 membres abonnés qui payaient une cotisation annuelle de 120 livres (environ 12 000 francs d'aujourd'hui), 52 membres de l'orchestre qui, pour la plupart, appartenaient déjà à une autre loge, et 23 « associés ». Ces derniers constituaient une sorte d'académie de grands compositeurs ou de grands solistes, ne payaient aucune cotisation mais prêtaient bénévolement leur concours à la Société. À tous ceux-là, il faut encore ajouter un public très limité, mais d'un rang élevé : la reine Marie-Antoinette et quelques princes, que la rare excellence des concerts attirait parfois dans la salle des gardes des Tuileries, accordée à la Société à partir de 1786. À cause de ces visiteurs illustres, les musiciens jouaient « en habit brodé, en manchettes à dentelles, l'épée au côté et le chapeau à plumes sur les banquettes ». Les auditeurs portaient « une lyre d'argent sur un fond bleu ciel, décoration obligée pour entrer au concert ». Il ne faut pas croire, toutefois, que les francs-maçons de la Société olympique ne recherchaient qu'une satisfaction égoïste de mélomanes raffinés et mondains. Très fréquemment, les œuvres qu'ils commandaient ou créaient étaient reprises, peu de temps après, devant le « grand public » du Concert Spirituel.

Il en fut ainsi, par exemple, de la commande la plus fameuse de la Société olympique, celle des six symphonies parisiennes demandées à Joseph Haydn et créées en 1787. Contredisant les méchantes langues qui affirment que les critiques musicaux sont ou sourds ou stupides, le journaliste du *Mercure de France* discerna immédiatement ce qui distinguait ces œuvres nouvelles : « On a exécuté à tous les Concerts des Symphonies de M. Haydn. Chaque jour on sent mieux, et par conséquent on admire davantage les productions de ce vaste génie qui, dans chacun de ses morceaux, sait si bien d'un sujet unique, tirer les développements si riches et si variés. »

On ne possède malheureusement pas la correspondance ou le compte rendu des négociations entre le chevalier de Saint-George et Haydn. On sait seulement que celui-ci reçut vingt-cinq louis par symphonie (soit l'équivalent de 300 000 francs actuels), cinq fois plus qu'on ne lui accordait habituellement. En 1803, la Société, qui avait repris le nom de Concert des Amateurs, lui fit parvenir une médaille. Elle portait sur l'avers une couronne de lauriers entourant la dédicace « À Haydn » et sur le revers, trois torches posées sur un trépied en forme de colonne et entourées de lyres, avec l'inscription « Le même feu les anime » et la signature : « Professeurs et amateurs ». On n'avait pas oublié, semble-t-il, que Haydn était aussi un « frère »...

On trouve enfin des francs-maçons aux postes stratégiques d'autres sociétés de concerts, plus petites, mais fort actives. À la Société du concert d'émulation qui donnait une fois par mois une séance musicale, les deux chefs de pupitres étaient Bertheaume et Imbault, l'un de La Réunion des arts, l'autre de Saint-Jean d'Écosse du contrat social. Quant aux programmes annuels de la Société académique des enfants d'Apollon, on y constate la même proportion de compositeurs ou d'interprètes francs-maçons que dans le programme du Concert Spirituel reproduit plus haut...

La Révolution dispersa non seulement les loges maçonniques, mais aussi les chapelles, les maîtrises, les académies et les sociétés de concerts. Certaines de ces dernières se reconstitueront, pour un temps, après la Terreur. Mais, en France du moins, les institutions maçonniques et les institutions musicales ne feront plus jamais autant jeu commun, ni de la même façon.

Musiciens membres de la loge Saint-Jean d'Écosse du contrat social	*(5 tableaux et 4 registres de 1776 à 1791)*
Joseph Amantini	chanteur, apparaît au Concert Spirituel de 1778 à 1786
Ambresard	
Beauvalon	
Beauvillier	
François Lacodre, dit Blin	(1757-1834) organiste
Jean-Christophe Braun	corniste et trompettiste
André Braun	corniste et trompettiste, frère du précédent
Lucien Caesarini	
Pierre-Joseph Candeille	chanteur et compositeur, voir p. 68
Caune	
Guillaume Cavallies	chanteur
Louis Charles Chardin (dit Chardini)	chanteur et compositeur
André Noël Chélard	violoniste et clarinettiste
Gilles-Louis Chrétien	(1754-1811) violoncelliste
Jean-Louis Couppeau	(il s'agit peut-être de Coppeaux, altiste dans l'orchestre du Concert Spirituel)
Nicolas De Zede	(*ca* 1740-1792) compositeur, fils naturel supposé de Frédéric II
Georges Jacques Devaux	violoniste dans l'orchestre du Concert Spirituel
Henri Dominique (ou Dominich)	(1760-1844) corniste
Louis-Thérèse Donay	
Jean-Louis Duport	(1749-1819) violoncelliste
Duverger	flûtiste dans l'orchestre du Concert Spirituel
Étienne-Jean Floquet	(1748-1819) compositeur

Fontaine aîné	
Fontaine cadet	
François-Joseph Garnier	(1755-1825) hauboïste, flûtiste et compositeur
Jean-Pierre Glachant	violoniste dans l'orchestre du Concert Spirituel
Siméon Guercis	
Christian Karl Hartmann	flûtiste et compositeur (apparaît au Concert Spirituel en 1781)
Antoine Hugot	(1761-1803) flûtiste et compositeur
Husson	
Jean-Jérôme Imbault	violoniste solo dans l'orchestre du Concert Spirituel entre 1773 et 1787
Toussaint Itasse	chanteur et compositeur
L'Albertant	
Jean Benjamin de La Borde	(1734-1794) compositeur et théoricien
Pierre Nicolas La Houssaye	(1735-1818) violoniste et compositeur
Jean-François Lays	(1758-1831) chanteur
Louis Lefèvre	clarinettiste
Joseph Legros	(1739-1793) chanteur et compositeur
Lenfumé	
Henri Leroux	chanteur (?) : ce nom apparaît sur les programmes du Concert Spirituel entre 1783 et 1786
Jean-François Méon	(1740-1813) chanteur
Munerot	
Pierre Nau	
Comte Rigoley d'Ogny	(1756-1791) violoncelliste amateur
René Jean Antoine Parisot	

H. J. Pérignon	violoniste (apparaît au Concert Spirituel entre 1780 et 1782)
Jean-Joseph Picquot	
Charles Henri Plantade	(1764-1839) chanteur, ancien page de la Musique du roi
J. (Jean ?) Rousseau	(?-1800) chanteur — il apparut très souvent au Concert Spirituel de 1778 jusqu'au dernier concert en 1791
Nicolas Roze (abbé)	(1745-1819) compositeur
Antoine Sacchini	compositeur, voir p. 66
Louis Jean Sallantin	(1757-1847) hautboïste et flûtiste
Jean-Baptiste Tacusset	professeur de chant
Louis Prosper Tulou	bassoniste
Jean-Baptiste Viotti	violoniste et compositeur, voir p. 67
Anne-Pierre de Visme de Valgay	administrateur de l'Opéra
Johann Wenzelstich dit Giovanni Punto	(1746-1803) corniste, violoniste et compositeur
Jean Xenat	
Michel Yost dit Michel	(1754-1786) clarinettiste et compositeur

VI

En loge, frère Mozart !

De tous les compositeurs francs-maçons, Wolfgang Amadeus Mozart reste, et de loin, le plus célèbre. À juste titre : si d'autres grands musiciens, comme Haydn ou Liszt, appartinrent à l'Ordre, l'attachement de Mozart à sa loge, l'influence de la franc-maçonnerie sur sa spiritualité et sur son œuvre sont exemplaires.

Cependant, la conjonction de la figure de Mozart, inspiratrice d'une mythologie abondante, et du thème de la société secrète, qui encourage les divagations les plus surprenantes, a souvent produit des fruits pittoresques. Parce que la fascination exercée par la franc-maçonnerie s'accompagne généralement de la méconnaissance de l'histoire des institutions et des rites maçonniques [1], des exégètes ont édifié à Mozart franc-maçon un temple aussi biscornu que le palais du facteur Cheval, construit, à l'image de celui-ci, avec mille pierres amassées çà et là, parfois belles, parfois curieuses, mais rarement équarries.

---

1. Le fameux « secret maçonnique » ne justifie pas cette ignorance : la bibliographie disponible sur ces sujets est immense et les archives, dans leur presque totalité, sont ouvertes à tous les chercheurs.

À cet égard, le silence même se fait légende. On a vu des auteurs s'efforcer de cacher ou de minimiser l'appartenance du compositeur à une organisation dont la réputation suspecte, voire sulfureuse, risquait d'entacher l'image angélique du « divin Mozart ». Le comble du travestissement fut sans doute atteint en 1925, dans un article du général Ludendorff, qui expliquait que Mozart, fourvoyé par étourderie ou par intérêt dans la dangereuse confrérie, fut assassiné par ses (faux) frères pour avoir révélé les secrets de l'Ordre dans *La Flûte enchantée*.

Mais, ordinairement, c'est l'excès inverse qui l'emporte. Ainsi attribue-t-on — non sans sympathie — à un franc-maçon viennois du XVIIIe siècle les préoccupations philosophiques, politiques et sociales qui agiteront la franc-maçonnerie des pays latins à l'époque de l'Église du *Syllabus*. Ainsi à l'inverse, mais souvent en même temps, décrypte-t-on l'œuvre mozartienne au travers de la grille des symboles de l'ésotérisme postromantique.

On ne saurait se dérober ici à l'examen des œuvres et de ce qu'on a appelé le langage « maçonnique » de Mozart. Mais il faut d'abord en rechercher un élément essentiel, indiscutable, dans l'histoire assez particulière de la franc-maçonnerie de Vienne, la place qu'y tenaient les musiciens et, bien sûr, la « carrière maçonnique » de Mozart lui-même.

Le développement de la franc-maçonnerie dans l'Empire avait été assez tardif. Des preuves récentes démontrent que l'existence d'une loge dite Les Trois Étoiles[1], supposée fondée à Prague par le comte de Spork en 1726, ne reposait que sur la légende. Et, si le duc François de Lorraine fut initié dès 1731 à La Haye par une délégation de la Grande Loge de Londres à laquelle participait le pasteur Désaguliers, il ne devint l'époux de Marie-Thérèse qu'en 1736 et empereur d'Allemagne qu'en 1745, après la mort de Charles VII.

En dépit de la bigoterie de Marie-Thérèse, la bulle *In*

1. Tous les noms de loge sont donnés dans leur traduction française.

eminenti n'avait pas été appliquée en Autriche. Pas plus que la monarchie française, l'Empire n'était disposé à laisser au Saint-Siège un droit d'intervention sur ses lois et règlements. Outre son époux bien-aimé, plusieurs proches de l'impératrice étaient francs-maçons, notamment le médecin Gerhard van Swieten, de tendance janséniste, qui usa de son influence pour moderniser l'enseignement et le soustraire à l'influence des Jésuites. Son fils, Gottfried van Swieten, fut l'ami de Mozart, qu'il encouragea à étudier les œuvres de Bach et de Haendel.

La première loge viennoise, Aux Trois Canons, ne se constitua cependant que le 17 septembre 1742, sur l'initiative du comte Schaffgotsch (l'archevêque de Breslau !) et du comte Hoditsch, son Vénérable Maître. Elle recruta une cinquantaine de membres appartenant généralement aux grandes familles ou aux missions diplomatiques française et britannique. Mais, le 7 mars 1743, c'est-à-dire moins de sept mois après la fondation, une compagnie de grenadiers dispersaient une tenue chez le Vénérable adjoint, un certain Gondola. Dissoute, la loge ne fut pas reconstituée, du moins ouvertement. On ne s'accorde toujours pas sur les motifs qui poussèrent Marie-Thérèse à cette décision brutale. Certains historiens y voient l'influence du haut clergé sur l'impératrice. D'autres mettent en avant les raisons que celle-ci avait de se méfier d'Hoditz et de Schaffgotsch, l'un et l'autre partisans de son rival le roi de Prusse. D'autres encore, de manière plus savoureuse, affirment que des mauvaises langues auraient soufflé à Marie-Thérèse que les activités maçonniques de son époux servaient d'alibi à des aventures extra-conjugales.

La loge Aux Trois Cœurs, fondée par un Danois, fonctionna de juin à décembre 1754. Elle travaillait par délégation d'une loge de Hanovre et ne rassemblait guère que des membres du personnel diplomatique en poste à Vienne. Nous ne savons pas grand-chose non plus de la troisième loge viennoise (par ordre chronologique), Les Généreux, déjà en activité en 1763, mais qui disparut peu d'années après.

En réalité, lorsque Mozart fut initié, le 14 décembre 1784, la franc-maçonnerie viennoise était relativement peu nombreuse. Elle ne comptait que sept loges dont trois seulement, L'Espérance couronnée, Les Trois Aigles et Saint-Joseph, pouvaient se targuer d'une quinzaine d'années d'existence. L'attitude souvent équivoque des Habsbourg à l'égard de la franc-maçonnerie ne constituait pas la seule cause de cette situation. Capitale d'un immense empire peuplé de vingt-deux millions d'habitants (dont, à vrai dire, moins de six millions de langue allemande), Vienne n'était pas une très grande ville : elle comptait moins de deux cent mille habitants, contre sept à huit cent mille à Paris et déjà plus d'un million à Londres. Elle n'était pas non plus, chose qui semble paradoxale aujourd'hui, une capitale musicale et ne pouvait se comparer à Paris ou à Londres, où les « vedettes » locales, à commencer par Mozart, venaient chercher, sinon trouver, la consécration.

La communauté maçonnique à laquelle Mozart appartint comportait donc :

— L'Espérance couronnée (dénommée à l'origine L'Espérance tout court), fondée vers 1769 ou 1770 par des militaires et des diplomates et détenant sa patente de La Croissante des trois clefs, à Ratisbonne ;

— la loge Les Trois Aigles, fondée peu après (en décembre 1770), par le baron Schmidburg sur une patente de Dresde. La loge, composée de militaires et de fonctionnaires, prospéra si bien qu'elle essaima en 1776 pour donner naissance à la loge Le Palmier mais, les effectifs diminuant, les deux loges durent se regrouper en 1781 ;

— la loge Saint-Joseph, créée en novembre 1771 par des frères reçus maçons à l'étranger. Son recrutement, plus modeste que celui des loges précédemment citées, comportait pour l'essentiel des bourgeois. L'éditeur de musique Torricella appartenait à cette loge ;

— La Fermeté, dont faisaient partie le beau-frère de Mozart, Joseph Lange, auteur du seul grand portrait de Mozart peint du vivant de celui-ci, ainsi que Johann Ignaz

Ludwig Fischer, créateur du rôle d'Osmin dans *L'Enlèvement au sérail* et pour qui Mozart écrivit l'air *Aspri rimorsi atroci* K 432 ;

— la petite loge Les Trois Feux, fondée en 1783 ;

— La Vraie Concorde, fondée le 12 mars 1781. Issue d'un essaimage de l'Espérance couronnée, elle ne tarda pas à accroître ses effectifs de manière considérable et à revendiquer la primauté intellectuelle et spirituelle sur les autres loges de Vienne. Elle devait cet essor à une personnalité hors du commun : Ignaz von Born. Ancien jésuite, initié à la loge Les Deux Colonnes couronnées de Prague, il fut l'un des premiers affiliés de La Vraie Concorde dont il devint « maître en chaire » dès 1782. Chimiste et minéralogiste, il constitua le fonds de collections appelées à devenir le musée d'Histoire naturelle de Vienne. Von Born voulut faire de La Vraie Concorde une loge de l'élite, à l'instar des Neuf Sœurs de Paris. La loge ne publiait pas moins de deux périodiques : le *Physikalische Arbeiten der eintruchtigen Freunde in Wien* et le *Journal für Freymaurer*. Mort en juillet 1791, au moment où Mozart travaillait à *La Flûte enchantée*, des auteurs ont vu en lui, sans preuve, mais non sans quelque vraisemblance, le modèle du Zarastro de l'opéra ;

— c'est dans la septième, La Bienfaisance, que Mozart fut reçu franc-maçon. Issue de La Vraie Concorde, cette loge n'avait été créée que le 2 février 1783 et ses effectifs étaient encore si limités qu'il fallait recourir à la « loge-mère » pour conduire les cérémonies, à commencer par celle de l'initiation de Mozart.

Outre ces sept loges, il convient de signaler une loge hermétiste et rosicrucienne, Les Trois Glaives, apparue à Vienne vers 1773 et dont l'un des ornements était Urban Hauer, révérend père abbé du monastère bénédictin de Melk et alchimiste notoire. Il semble que cette loge n'était déjà plus en activité à l'époque de Mozart. Contrairement à une légende qui a donné naissance à bien des mythes, il n'y avait pas de loge féminine à Vienne. La seule trace (au demeurant non prouvée) d'une telle organisation dans tout l'Empire serait une loge d'adoption d'existence éphémère, les Trois Cœurs couronnés à Klattau, en Bohême, patronnée par la loge régulière La Sincérité, également de Klattau, et démolie, à peine créée, en 1780, en même temps que sa loge-mère. Enfin, il n'existait aucune loge militaire en Autriche. Une dizaine d'années auparavant, deux loges provisoires de ce type avaient un moment fonctionné, en Moldavie et en Silésie. Créées par la Grande Loge de Prusse, mais acceptant quelques officiers autrichiens, elles avaient depuis lors disparu.

L'Europe centrale avait été pendant une trentaine d'années le principal théâtre de luttes compliquées entre différents systèmes de « hauts grades », venus de France (système dit de Clermont), élaborés à partir de la légende des chevaliers (Stricte Observance) ou en réaction contre celle-ci (rite de Zinnendorf), à visées alchimistes ou occultistes (Rose-Croix, Chevaliers d'Asie), etc. Au moment où Mozart fut reçu dans la franc-maçonnerie, ces débats commençaient à s'apaiser : après l'effondrement de la Stricte Observance au couvent de Wilhelmsbad en 1782, le rite de Zinnendorf l'emporta dans les loges viennoises. Il comportait sept grades répartis en trois classes :

— maçonnerie *bleue* : 1. Apprenti — 2. Compagnon — Maître ;

— maçonnerie *rouge* (ainsi dénommée, comme la précédente, par la couleur des tabliers) : 4. Apprenti et compagnon écossais — 5. Maître écossais ;

— maçonnerie *capitulaire* : 6. Favori de saint Jean — 7. Élu.

Encore faut-il rappeler que ces divers systèmes n'exerçaient pas la moindre influence sur la pratique maçonnique de la plupart des frères qui, comme Mozart, ne pratiquaient que les « grades bleus » de la franc-maçonnerie traditionnelle. Qu'il s'agisse de celui de Clermont, de celui de Zinnendorf, de la Rose-Croix d'or ou de la Stricte Observance templière, ces « rites » ne se séparaient en effet que sur l'organisation et le contenu symbolique des hauts grades. Si, contrairement à certaines affirmations, les rituels utilisés dans la loge de Mozart ne nous sont pas parvenus, les éléments que nous possédons indiquent qu'ils étaient fort simples et très probablement proches de ceux pratiqués en Angleterre.

Les rivalités entre les systèmes de hauts grades, leurs prétentions souvent abusives expliquent sans doute en partie les raisons pour lesquelles Joseph II, fils de Marie-Thérèse, corégent à partir de 1765 puis empereur en 1780, ne se fit pas recevoir dans la franc-maçonnerie, à la différence de son père et contrairement à l'espoir de beaucoup de frères viennois. Certes, l'appartenance à la franc-maçonnerie posait des problèmes plus délicats à un monarque catholique qu'à des souverains protestants comme ceux de Prusse, d'Angleterre ou de Suède. Mais on imagine sans peine l'agacement de Joseph II quand, en 1776 par exemple, les dignitaires du rite de Zinnendorf et de la Stricte Obédience tentèrent de le constituer pour arbitre. Joseph II se préoccupa néanmoins de la franc-maçonnerie autrichienne, qu'il eut l'occasion de contraindre à une première réforme.

Le 26 mars 1781, un décret fit interdiction à toute organisation, régulière ou séculière, de relever d'une autorité extérieure à l'Empire et de payer quelque redevance que ce fût à cette autorité. En fait, le décret de Joseph II visait les ordres religieux. Il constituait la première d'une série de mesures qui allaient aboutir à la dissolution des ordres mendiants, contemplatifs ou enseignants et à la confiscation des biens de plus de six cents monastères. Mais les maçons autrichiens, qui dépendaient de diverses obédiences et, en particulier, de Berlin, en profitèrent pour s'organiser de manière autonome. C'est à la Grande Loge d'Angleterre, « Mère Loge du Monde » que les Autrichiens demandèrent la patente d'une Grande Loge nationale indépendante. Il fallut de longues tractations : échaudés par les débordements templiers, occultistes ou mystiques de certaines maçonneries continentales, les Anglais exigeaient de celles qui leur demandaient pareille légitimation le respect des pratiques de la « *pure and antient masonry* » et ne reconnaissaient que les trois grades bleus traditionnels. La Grande Loge d'Autriche fut enfin installée le 24 avril 1784, huit mois seulement avant l'initiation de Mozart. Elle comportait une soixantaine de loges réparties en six loges provinciales, celles d'Autriche, de Bohême, de Galicie, de Lombardie autrichienne, de Transylvanie et de Hongrie. Les dix-sept loges des Pays-Bas autrichiens (qui n'allaient pas tarder à conquérir leur indépendance) formèrent leur propre Grande Loge. Le prince Dietrichstein devenait Grand Maître de la loge provinciale de Vienne et Ignaz von Born, Grand Secrétaire.

On n'a pas fait allusion, jusqu'à présent, à l'influence qu'une société parallèle, celle des fameux « Illuminés de Bavière », aurait pu exercer sur la franc-maçonnerie en général et sur la viennoise en particulier. En publiant en 1796 ses *Mémoires pour servir à l'histoire du jacobinisme,* l'abbé Augustin Barruel n'imaginait sans doute pas qu'il créait une légende dont les pires adversaires de ses convictions se glorifieraient plus tard. Pour cet émigré, les causes de la Révolution tenaient à un énorme complot, ourdi dans les loges et soutenu par l'action d'une secte maçonnique extrémiste : les Illuminés de Bavière. En effet, à la fin du Second Empire et au début de la IIIe République, quand une grande partie de la franc-maçonnerie française se jeta dans l'action politique autour des frères Proudhon, Gambetta, Jules Ferry ou Combes, elle ne fut que trop heureuse de reprendre à son compte une thèse qui l'inscrivait dans la tradition philosophique, révolutionnaire et anticléricale. Ainsi revendiqua-t-on comme issues de la franc-maçonnerie l'*Encyclopédie,* la Déclaration des droits et même la devise (en trois points !) « Liberté, égalité, fraternité ».

Il devenait dès lors inévitable que de nombreux musicologues étendissent de telles considérations aux frères viennois et notamment à Mozart, dont la carrière maçonnique couvre les années cruciales 1784 à 1791. On trouvera plus surprenant que l'on continue de soutenir aujourd'hui cette thèse, après que de nombreuses études en ont démontré l'exagération, voire l'inanité et que les obédiences maçonniques les plus « progressistes », comme le Grand Orient de France, y ont elles-mêmes renoncé pour l'essentiel.

En fait, les Illuminés de Bavière ne méritaient ni cet excès d'honneur ni cet excès d'indignité. L'organisation, sans aucun rapport original avec la franc-maçonnerie, avait été fondée en 1776 par un jeune professeur de droit bavarois, Weishaupt (qui ne deviendra maçon que l'année suivante). Farouchement anticlérical, Weishaupt, secondé un peu plus tard par l'écrivain maçon Knigge, voulait faire de sa secte une machine de guerre contre l'Église en général et les jésuites en particulier. Du point de vue politique, les illuminés se montraient infiniment plus réservés. Certes, leurs conceptions s'inspiraient largement du rousseauisme du *Contrat social,* mais elles ne manquaient pas de préciser : « Toute révolution brutale est condamnable, parce qu'elle n'apporte aucune amélioration, du moment que les hommes restent avec leurs passions ce qu'ils sont actuellement. » La société idéale, qu'il ne fallait pas attendre « avant des milliers et même des centaines de milliers d'années » permettrait de retrouver l'âge d'or de nos ancêtres, quand ils vivaient « au bord d'un ruisseau gazouillant, à l'ombre d'un arbre chargé de fruits nourriciers, aux côtés d'une campagne aimante et au cœur sensible ».

Vers 1780, Weishaupt et Knigge eurent l'idée de soucher les Illuminés de Bavière sur la franc-maçonnerie, imitant ainsi, très sciemment, la Stricte Observance templière. Joseph II, qui ne pouvait avoir que de la sympathie pour les opinions anticléricales des illuminés, envisagea même de s'appuyer sur eux pour favoriser ses vues sur la Bavière. Mais il ne tarda pas à constater l'inefficacité de la secte, déchirée par les divisions, incapable de se donner une structure cohérente et dont les effectifs demeuraient très inférieurs aux espérances des promoteurs. En 1784, quand les illuminés se dispersèrent, interdits par l'Électeur de Bavière, mais surtout réduits à l'impuissance par leurs dissensions, ils n'avaient jamais pu réunir, dans toute l'Europe, plus de six cents adhérents.

Les illuminés, présents en Bavière, en Lombardie et dans les pays du Rhin, ne semblent guère avoir exercé d'influence sur les loges viennoises. Il n'existe pas la moindre preuve documentaire attestant de l'appartenance d'Ignaz von Born, de Gemmingen (parrain et Vénérable de la loge de Mozart), et du prince Dietrichstein à la secte. Tout au contraire. On jugera de même le crédit à accorder à une supposition, avancée par des auteurs qui reconnaissent toutefois n'en détenir aucune preuve, selon laquelle Mozart, introduit par von Gemmingen (inlassable parrain !), aurait été affilié dès 1783 dans une hypothétique assemblée de « minervaux » (deuxième grade des illuminés) viennois.

Les éléments purement factuels de la carrière maçonnique de Mozart tiennent en peu de lignes : sa candidature, proposée à la loge de district de Vienne au début du mois de novembre, fut acceptée sans difficulté. Une petite erreur administrative nous permet de disposer du premier document maçonnique dans lequel figure le nom du grand musicien :

> Candidature du Maître de chapelle Mozart.
> Notre ancien secrétaire, le frère Hoffman, a omis d'enregistrer cette candidature à la très honorable loge sœur La Bienfaisance. L'intéressé a été proposé il y a quatre semaines à l'honorable loge de district et nous aimerions donc procéder à son admission la semaine prochaine si votre très honorable loge n'y voyait aucune objection.
> Orient de Vienne
> 5
> XII
> 57 84 Schwanckhardt, sec.

Aucune loge de Vienne n'ayant soulevé d'objection, Mozart fut donc reçu apprenti maçon le mardi 14 décembre 1784 (5784 dans le calendrier maçonnique qui rajoute 4000 ans à « l'ère vulgaire »). Comme la loge La Bienfaisance était trop petite pour organiser cette cérémonie, celle-ci eut lieu dans la loge La Vraie Concorde, présidée par Ignaz von Born. Il en fut de même pour le passage de Mozart au grade de compagnon, le 7 janvier 1785. Le compte rendu qui atteste de son élévation à la maîtrise manque, mais nous savons par le registre des présences qu'il possédait déjà ce grade le 22 avril suivant. Comme on l'a déjà remarqué, la rapidité de cette promotion n'était nullement exceptionnelle au XVIIIe siècle.

Dès le début, Mozart montra son attachement à la franc-maçonnerie en y faisant entrer les deux hommes qui lui étaient le plus chers : son propre père, Léopold Mozart, et son meilleur ami, Joseph Haydn. On reviendra dans un prochain chapitre sur la carrière maçonnique de ce dernier, moins négligeable sans doute qu'on ne l'a longtemps dit. Léopold Mozart, alors âgé de soixante-cinq ans, bénéficia lui aussi d'une promotion rapide : initié le 6 avril 1785, il devint compagnon le 16 avril et maître le 22 avril du même mois. Le 25 avril, trois jours après cette dernière cérémonie, Léopold repartit pour Salzbourg et l'on ignore s'il y poursuivit des activités maçonniques. Il mourut deux ans plus tard, le 25 mai 1787. Six semaines avant son décès, le 4 avril 1787, Wolfgang lui avait adressé une lettre qui fait clairement allusion au symbolisme du grade de maître, dans lequel la mort et la résurrection tiennent une place capitale : « Parce que la mort, si nous en venons à la considérer sérieusement, est le véritable but de notre existence, j'ai noué ces dernières années des relations si étroites avec elle, la meilleure et la plus véridique amie de l'homme, que son image, loin de me terrifier désormais, m'apaise et me console au plus haut point. Et je remercie mon Dieu dont la grâce m'a donné la possibilité (vous comprenez bien ce que je veux dire) d'apprendre que la mort est la *clef* qui ouvre la porte de notre vrai bonheur... »

Mozart trouva dans les loges de Vienne, à côté des hauts fonctionnaires qui y prédominaient, de nombreuses personnalités du monde musical. On citera notamment, outre la basse Ludwig Fischer et l'éditeur Torricella, déjà signalés, le ténor Valentin Adamberger, créateur du rôle de Belmonte dans *L'Enlèvement au sérail*, un autre éditeur, Ignaz Alberti, le compositeur tchèque Adam Mitscha (1746-1811), Lorenz Leopold Haschka, auteur des paroles de l'hymne impérial, les cornistes Vincenz Springer et Anton David, le hautboïste Vittorino Colombazzo, le violoniste Joseph Blaske (ou Blaschek), et, membre de la loge Les Palmiers, Röllig, l'illustre virtuose de l'harmonica de verre. On peut se demander, à cet égard, si Röllig ne joua pas un rôle dans la décision de Mozart de composer l'*Adagio et Rondo* K 617 pour cet instrument, flûte, hautbois, alto et violoncelle, destiné, semble-t-il, à une musicienne aveugle, Marianne Kirchgässner. Le compositeur Leopold Kozeluch (1747-1818) qui, à vrai dire, n'aimait guère Mozart, était également membre de la loge Les Palmiers. Il faut ajouter à cette liste trois hommes particulièrement liés à l'œuvre de Mozart : Philippe Artaria, Anton Stadler et Paul Wranitzky.

Philippe Artaria était le directeur de la branche viennoise des éditions du même nom, fondées en 1750, qui publiaient les œuvres de Mozart (et de Haydn) depuis 1780. Grand virtuose de la clarinette et du cor de basset, Anton Stadler (1753-1812), ami intime de Mozart, fut le créateur du *Quintette* K 581, du *Concerto* K 622 et des solos des numéros 9 et 23 de *La Clémence de Titus*. Anton Stadler composa lui-même de nombreuses pièces pour la clarinette ou le cor de basset. Encore trop peu connu aujourd'hui, Paul Wranitzky (1756-1808) a laissé une œuvre considérable, d'une grande qualité. C'est le triomphe de son *Singspiel, Obéron, roi des elfes*, sur un livret arrangé par Giesecke, qui donna à l'imprésario Schikaneder l'idée de demander à Mozart de composer un opéra du même genre et de même style : *La Flûte enchantée*. Curieusement, quand, après la mort de Mozart, Goethe, autre franc-maçon éminent, entreprit d'écrire en 1796 une suite à *La Flûte enchantée*, il s'adressa tout naturellement à Paul Wranitzky pour en composer la musique. On regrettera, assurément, que le projet n'ait pas abouti.

On aura remarqué que le nom d'Emanuel Schikaneder, directeur du théâtre Auf der Wieden et librettiste déclaré de *La Flûte enchantée*, ne figure pas parmi ceux que l'on vient de mentionner. En fait, Schikaneder n'était ni membre ni visiteur d'aucune loge de Vienne. Initié à La Croissante des trois chefs de Ratisbonne, il en avait été radié (ou expulsé ?) alors qu'il n'était encore que compagnon. Si l'on se rappelle la rapidité avec laquelle on recevait les différents grades, on imagine aisément que l'expérience maçonnique de Schikaneder ne pouvait guère être considérable. En revanche, la loge de Mozart accueillit en 1790 un homme à la destinée étonnante : Johann-Georg Metzler, dit Giesecke ou Giesege (1761-1833). Après des études de droit, il publia une revue de théâtre à Ratisbonne en 1786 avant de se faire engager dans la troupe de Schikaneder à Vienne. Il tint ainsi le rôle bien modeste du premier esclave lors de la création de *La Flûte enchantée* en 1791. Par la suite, Giesecke se tourna vers la minéralogie, science dans laquelle il fit une carrière extrêmement brillante. Ami de Goethe, il conduisit des expéditions scientifiques dans les terres les plus lointaines et s'établit à Dublin où il devint professeur à l'université et membre d'une douzaine de prestigieuses sociétés savantes. Librettiste de l'*Obéron* de Wranitzky et, on le sait aujourd'hui, des paroles de la *Petite Cantate maçonnique* K 623 de Mozart, il revendiqua la paternité du texte de *La Flûte enchantée* dont, selon lui, Schikaneder n'aurait écrit que les rôles de Papageno et de Papagena. Compte tenu de ce que l'on sait de l'une et de l'autre personnalités, les prétentions de Giesecke ne semblent pas déraisonnables.

Un tableau anonyme de l'époque [1] nous dépeint la loge de Mozart. Une cérémonie d'initiation s'y déroule et Mozart figure en bonne place, au milieu de ses frères. Mais on y chercherait en vain des instrumentistes en train d'exécuter quelque musique. Comme ailleurs, les tenues proprement dites ne comportaient aucune musique « rituelle » et les

1. Ce tableau illustre la couverture du présent livre.

hymnes, les chansons, les pièces instrumentales étaient exécutés après la tenue, souvent du reste en dehors du local de la loge. Les causeries sur des sujets variés (mais essentiellement bibliques, historiques, scientifiques) ne manquaient pas dans les loges de Vienne. En cela, ces dernières suivaient l'exemple des loges érudites de Paris, mais s'écartaient de la pratique britannique pour laquelle les « travaux » proprement dits se limitaient (et se limitent toujours, dans la plupart des cas) aux cérémonies fixées par le rituel : ouverture et fermeture de la loge, réception aux trois grades et installation d'un nouveau Vénérable.

On possède le programme d'un concert donné, le 15 décembre 1785, par la loge L'Espérance couronnée. Comme il en sera longtemps ainsi, le menu était particulièrement abondant :

1° Une symphonie composée pour la Respectable Loge par l'Honorable Frère Wranitzky.

2° Un concerto pour cor de basset, joué par les Honorables Frères David et Springer.

3° La cantate composée pour le Vénérable Frère Born, sur une musique du Frère Mozart, chantée par le Frère Adamberger

[Il s'agit de la cantante *Die Maurerfreude* K 471.]

4° Un concerto joué sur le pianoforte par le Frère Mozart.

[Peut-être le *Concerto n° 21* en *ut* majeur K 467, daté du 9 mars 1785, le plus récemment terminé ou le *Concerto n° 22* en *mi* bémol majeur K 482, qu'il acheva le lendemain].

5° Un choix de morceaux pour six instruments à vent, arrangés par le Frère Stadler et dans lequel le Frère Loczden jouera le contrebasson.

6° Une deuxième symphonie du Frère Wranitzky, également composée pour la loge.

7° Des fantaisies composées par le Frère Mozart

[On ignore lesquelles et le pluriel est troublant ; la dernière, en *ut* mineur, K 475, remontait au 20 mai de la même année, mais on ne peut exclure que Mozart, qui travaillait alors aux *Noces de Figaro,* ait improvisé sur quelques airs qu'il venait de composer].

Enfin, les frères viennois semblent avoir goûté les « cavalcades maçonniques » dont les loges anglaises se montraient volontiers friandes. Ainsi, à l'occasion de l'accession du prince Dietrichstein à la Grande Maîtrise, lors du solstice d'été 1784 (Mozart n'était malheureusement pas encore initié), le frère Hyam, directeur du Cirque royal, de retour de Londres, organisa un grand spectacle maçonnique et équestre : *La Mort d'Adoniram,* interprété par des frères de la loge L'Espérance couronnée devant un auditoire exclusivement maçonnique. Comme le prince Dietrichstein félicitait le frère Hyam, celui-ci demanda, en récompense, que l'on initiât son fils Charles. La décision ayant été prise incontinent, le cirque fut disposé en loge et la cérémonie exécutée, entièrement à cheval elle aussi, à l'exception, note le chroniqueur, du rituel des pas symboliques et de la prestation du serment.

Mozart allait accomplir sa première année dans la franc-maçonnerie quand, le 11 décembre 1785, Joseph II décréta par ordonnance (*Handbillett*) un nouveau cadre de fonctionnement de l'ordre maçonnique (*Freymaurerpatent*). Les dispositions se montraient assez sévères : une seule loge était autorisée dans les capitales des États, sauf à Vienne, à Prague et à (Buda)Pest, où il pourrait y en avoir trois au plus. Toutes les loges devaient faire connaître aux autorités la liste de leurs membres et les dates de leurs tenues. En échange, si l'on peut dire, la franc-maçonnerie était placée sous la protection de l'État. À Vienne, L'Espérance couronnée, La Bienfaisance et Les Trois Feux fusionnèrent pour constituer La Nouvelle Espérance couronnée, tandis que La Vraie Concorde, Les Trois Aigles et Le Palmier formaient La Vérité. Les membres de Saint-Joseph et de La Fermeté se répartissaient à leur gré.

Les historiens ne s'accordent pas sur les intentions de Joseph II. Pour certains, l'empereur entendait mettre un frein à l'importance croissante de la franc-maçonnerie, susceptible de s'opposer à ses vues politiques. Le nombre des francs-maçons viennois (six cents au grand maximum) et leur qualité (beaucoup de dignitaires de la Cour, dont de très proches conseillers de Joseph II) limitent toutefois quelque peu la valeur de cette hypothèse. Pour d'autres auteurs, ce seraient les francs-maçons eux-mêmes et, notamment, Ignaz von Born en personne qui auraient inspiré la décision de l'empereur. Ils auraient ainsi voulu éradiquer les loges irrégulières et les tendances mystiques et occultistes de la franc-maçonnerie. Mais les dispositions de la *Freymaurerpatent* paraissent disproportionnées par rapport au but recherché. Il n'existe pas trace, à l'époque, de loge irrégulière, du moins à Vienne et, dans l'ensemble de l'Empire, les tendances occultistes ou mystiques manifestaient un net déclin. De toute façon, le Grand Maître de la Grande Loge d'Autriche, Dietrichstein, avait été reçu en 1780 dans la Rose Croix d'or d'ancien système sans que cela ait jamais inquiété personne.

En fait, il n'est pas impossible que toutes les raisons, bonnes ou mauvaises, aient joué en même temps. Il faut aussi tenir compte de la passion de Joseph II, parangon du « despote éclairé », pour l'organisation ou la réorganisation, les codifications, les réformes de toute chose et de toute nature. Ce penchant était si connu que, dans une lettre du 11 mars 1783, le libraire parisien Nicolas Ruault écrivait à son frère : « Je vous avoue que quand je me mets à lire [les journaux] je saute d'abord à l'article " Vienne ". On est sûr d'y trouver quelque chose de consolant pour l'humoriste. On y voit un souverain sans cesse occupé de réformes et d'innovations utiles. Il a publié au mois de mars dernier un édit sur le mariage en huit articles, dans lesquels on pourrait bien trouver quelque chose à redire ; mais c'est l'ouvrage d'un prince dégagé de tous préjugés de religion et même de fanatisme de l'amour de la patrie. »

La *Freymaurerpatent* porta-t-elle un coup dur à la franc-maçonnerie autrichienne en général et viennoise en particulier ? On l'a dit. Mais, en 1790, le registre de la loge La Nouvelle Espérance couronnée fait état de deux cent vingt membres : quatre-vingt-neuf présents (dont « Mozart Wolfgang, IIIe grade, maître de la chapelle impériale et royale »), cent dix-neuf absents et douze frères servants. Le collège des officiers ne laisse pas l'impression d'une franc-maçonnerie marginale ou persécutée :

Vénérable-Maître en chaire : comte Johann Esterhazy, chambellan impérial et royal.
Député Maître : Joseph von Metz, haut fonctionnaire à l'administration des Pays-Bas autrichiens.
Premier surveillant : Joseph Bauernjöpl, maître des requêtes.
Second surveillant : comte Franz Eugen von Traun und Abensperg, chambellan impérial et royal.
Secrétaire : Karl Fischer von Ehrenbach, conseiller à la légation de Saxe-Cobourg.
Orateur : Anton Niering von Löwenfels, rédacteur à la commission des affaires ecclésiastiques.
Trésorier : Johan Nepomuk von Török, contrôleur des comptes du ministère de la Guerre.
Maître des cérémonies : prince Nicolas Esterhazy, chambellan impérial et royal [Le patron de Joseph Haydn !]

On ne connaît pas, il est vrai, la date exacte (mois et quantième) de cet état. Léopold II, qui succéda le 20 février de cette même année 1790 à son frère, était beaucoup moins autoritaire. Ainsi écrivait-il le 14 juin 1789 à sa sœur, la reine Marie-Antoinette : « La régénération de la France sera un exemple que tous les souverains et gouvernements d'Europe seront contraints, *volens nolens*, de copier. Il en résultera, partout, de très grands bonheurs ; ce sera la fin des injustices, des guerres, des conflits et des troubles. Ce sera aussi l'un des apports les plus utiles de la France à l'Europe. » Il se montra très favorablement disposé envers la franc-maçonnerie qui, jusqu'à sa mort inopinée survenue le 1er mars 1792, trois mois après celle de Mozart, continua de prospérer.

François II, le jeune fils de Léopold II, n'avait hérité ni le goût des réformes de son oncle, ni l'esprit de tolérance de son père. Harcelées par l'empereur, qui haïssait toute espèce de société secrète, accusées de collusion avec l'ennemi (les Français, les jacobins), les loges de Vienne se mirent en sommeil en 1794. Sauf pendant le bref intermède de 1848, elles ne reprendront leur activité qu'à la chute de l'Empire, en 1918.

Une légende tenace affirme que Mozart mourut dans la misère, abandonné par ses frères qui ne l'accompagnèrent pas même au cimetière. H. C. Robbins Landon, qui a passé au crible les comptes de Mozart, a démontré[1] que le musicien avait perçu en 1791 près de 6 000 florins (plus que Haydn n'en reçut lors de sa tournée triomphale en Angleterre) et que son traitement à la Cour n'était qu'à peine inférieur à celui de Salieri. En fait, la gêne de Mozart provenait à la fois de son train de vie assez dispendieux et des dettes très importantes qu'il avait naguère contractées — en grande partie auprès de ses frères maçons. Ceux-ci, jusqu'à la dispersion des loges de Vienne, ne cessèrent d'organiser des souscriptions et des manifestations qui permirent à sa veuve de rétablir rapidement sa situation financière. On signalera enfin que le roi Frédéric Guillaume II de Prusse fit acheter à Constance Mozart, par l'intermédiaire de son ambassadeur (membre lui-même de la loge de Wolfgang), plusieurs compositions de ce dernier pour la somme énorme de 3 600 florins.

Certes, le corbillard qui emportait Mozart à la fosse commune (en fait, très commune à l'époque) n'était suivi par personne. Pas même par sa veuve, empêchée comme les autres par un règlement qui l'interdisait, de crainte des épidémies...

---

1. *1791, la dernière année de Mozart,* J.-C. Lattès, 1988.

Quelques jours après la mort de Mozart, lors d'une réunion de La Nouvelle Espérance couronnée, Karl Philipp Hensler prononça un éloge funèbre que, pour en marquer la solennité, la loge fit immédiatement imprimer :

> « Il a plu au Grand Architecte de l'Univers d'arracher à notre chaîne fraternelle l'un des maillons qui nous étaient les plus précieux et les plus aimés. Qui ne le connaissait pas ? Qui ne l'estimait pas ? Qui ne l'aimait pas, notre remarquable frère Mozart ?
>
> « Il y a encore quelques semaines, il se trouvait parmi nous, glorifiant de sa musique enchantée la consécration de ce temple. Qui de nous aurait imaginé qu'il nous serait bientôt enlevé ? Qui pouvait savoir qu'en trois semaines, nous aurions à pleurer son deuil ? C'est le triste destin de l'homme que de quitter cette vie en laissant inachevée son œuvre, aussi excellente soit-elle. Les rois meurent et laissent à la postérité leurs desseins inaccomplis. Les artistes meurent, après avoir consacré leur vie à perfectionner leur art, et l'admiration de tous les accompagne jusqu'à la tombe. Mais, si des nations les pleurent, leurs admirateurs ne tardent généralement pas à les oublier. Leurs admirateurs, mais pas nous, mes frères !
>
> « La mort de Mozart est pour l'art une perte irremplaçable. Ses dons, qui se révélèrent dès l'enfance, firent de lui l'une des merveilles de notre époque. La moitié de l'Europe l'estimait, les grands le chérissaient et nous, nous l'appelions : " mon frère ".
>
> « Mais, s'il est évident de célébrer son génie, n'oublions pas d'honorer la noblesse de son cœur. Il fut un membre zélé de notre Ordre. Son amour pour ses frères, sa nature positive et dévouée, sa charité, l'immense joie qu'il éprouvait quand il pouvait faire bénéficier l'un de ses frères de ses talents, telles étaient ses grandes qualités. Il sut être époux et père, ami de ses amis, frère de ses frères. Il ne lui manqua que la fortune pour rendre des centaines de gens aussi heureux qu'il l'aurait voulu. »

VII

Le secret des pyramides

« Membre zélé de l'Ordre », prêtant volontiers son concours à des concerts de loge, Mozart a aussi, comme on sait, écrit des œuvres expressément destinées à des festivités maçonniques : une dizaine de pièces sans compter, bien sûr, *La Flûte enchantée,* où certains thèmes essentiels de la franc-maçonnerie sont clairement développés.

Beaucoup ne s'en contentent pas. Assoiffés de symbolisme, voire d'ésotérisme, ils traquent dans les compositions postérieures à l'initiation de Mozart (en gros, celles qui portent les numéros 464 à 626 du catalogue Köchel), le signe des arcanes et des mystères de la franc-maçonnerie. Souvent attrayants, les fruits de cette quête sont de la nature de ceux auxquels parvient une méthode similaire pour le déchiffrement du grand secret des pyramides : en divisant successivement le périmètre par le rayon du cercle inscrit, la hauteur et l'angle de la pente, on obtient l'âge du pharaon, le poids de l'explorateur et la distance de la Terre à la Lune...

En ce qui concerne Mozart, la plupart des exégèses se fondent sur l'existence supposée d'un langage musical spécifique, fondé sur des « tonalités maçonniques », véritables signes de reconnaissance pour les initiés. Ces tonalités sont organisées autour du symbolisme du chiffre 3, dont on sait l'importance dans la franc-maçonnerie. N'appelle-t-on pas les maçons, un peu par dérision, les « frères trois points » parce que, du moins sur le continent européen, ils abrègent souvent certains mots par l'initiale suivie de trois points : F∴ pour Frère, V∴ pour Vénérable, etc. ? Les tonalités maçonniques seraient donc celles qui comportent trois bémols (*mi* bémol majeur, *ut* mineur) et, dans une mesure moindre (pourquoi ?), celles qui comportent trois dièses (*la* majeur, *fa* dièse mineur). L'utilisation par Mozart de ces tonalités, dans l'armature d'un morceau (le ton initial, qui figure souvent dans sa désignation) ou dans les modulations (c'est-à-dire le passage, plus ou moins long, à d'autres tonalités), renverrait donc à un « éthos » spécifiquement maçonnique. Cette question déborde d'ailleurs largement le cas de Mozart et mérite qu'on l'examine avec quelque détail.

On sera tout d'abord surpris qu'*aucun* texte authentique d'origine maçonnique n'évoque ce symbolisme, même de manière allusive. Aussi a-t-on renforcé l'argumentation en rappelant la commodité d'écriture que les tons de *mi* bémol majeur et d'*ut* mineur présentent pour certains instruments à vent (clarinette, basson, cor) utilisés dans les loges militaires, ainsi que par la couleur, sereine et lumineuse, du *mi* bémol. On a vu, néanmoins, que l'influence des loges militaires sur la pratique musicale maçonnique était infiniment moins grande qu'on ne l'a longtemps cru. Quant au caractère attribué aux diverses tonalités, il varie considérablement selon les époques ou les théoriciens. Quelques décennies avant Mozart, Marc-Antoine Charpentier ne décrivait-il pas le *mi* bémol majeur comme « cruel et dur », ce qui ne convient guère à une société dont les adeptes prônent l'amour fraternel, la tolérance et la bienfaisance.

Toujours dans cet ordre d'idées, on notera aussi que le chiffre 3 n'est pas, et de loin, le seul du symbolisme maçonnique. Attaché au grade d'apprenti, il se complète du chiffre 5 (relatif au grade de compagnon) et du chiffre 7 (lié au grade de maître). Le tableau complet des « tonalités maçonniques » se présenterait donc ainsi :

7 dièses					la♯		UT♯
5 dièses				sol♯		SI	
3 dièses			fa♯		LA		
3 bémols			MI♭		ut		
5 bémols		RÉ♭		si♭			
7 bémols	UT♭		la♭				

(Les tonalités majeures sont indiquées en majuscules, les mineures en minuscules)

Nul, cependant, n'a osé aller jusqu'au bout de cette numérologie musicale (il est vrai que l'on utilisait peu, à l'époque de Mozart, les tonalités « chargées ») et l'on se contente, dans les gloses, des fameuses tonalités à trois bémols ou à trois dièses. Or, pour se placer maintenant sur le terrain, autrement solide, des faits, l'analyse des partitions de nature explicitement maçonnique ne révèle aucun privilège particulier accordé aux armatures triples. On en trouvera ci-après quelques exemples empruntés à des œuvres de différents pays et de différentes époques :

Aucune des partitions des *Constitutions* d'Anderson n'est écrite dans une « tonalité maçonnique » (la chanson de l'apprenti est en *ut* majeur, celle du maître en *fa* majeur, celle des surveillants en *ré* majeur).

Il en va de même dans le recueil de Naudot.

Le *Carmen saeculare* de François-André Danican Philidor, créé pour le Freemason's Hall de Londres en 1779, comporte une ouverture et 21 numéros. Une seule de ces 22 pièces est dans une « tonalité maçonnique » (*mi* bémol majeur).

The Masonic Ministrel, important recueil américain paru en 1816 à Rhode Island, comporte 22 timbres notés de chants maçonniques (correspondant du reste à un nombre de textes très supérieur). On n'y trouve que deux partitions (en *la* majeur) dans les « tonalités maçonniques ».

La Grande Loge unie d'Angleterre réédite depuis plusieurs décennies un recueil destiné aux organistes des loges. Il comprend des partitions plus ou moins célèbres de Haendel, Beethoven et Mendelssohn ainsi que neuf pièces originales pour l'accompagnement des cérémonies : une seule est écrite dans une tonalité réputée maçonnique. Trois chants particulièrement importants de la maçonnerie anglo-saxonne figurent également dans ce recueil : l'ode pour l'ouverture de la loge (en *la* bémol majeur, c'est-à-dire avec 4 bémols), pour la clôture de la loge (en *ré* majeur, soit avec 2 dièses) et le traditionnel *The Level and the Square* (Le niveau et l'équerre), lui aussi en *la* bémol majeur.

Enfin, en 1939, alors que l'existence de « tonalités maçonniques » était déjà considérée comme un article de foi, le recueil de Louis Marand ne comporte que deux chants en *mi* bémol majeur sur les « Six pièces initiatiques » qu'il contient.

Mais il y a mieux. Si l'on examine l'œuvre de Mozart lui-même, rien n'indique, en dépit d'affirmations souvent répétées, que le compositeur ait jamais accordé une valeur symbolique particulière aux tonalités triples. Une première preuve est apportée par le dépouillement systématique des tonalités employées par Mozart au cours de sa vie. Sur les 2 627 entrées du catalogue thématique Köchel (8e édition, 1983), la proportion des tonalités à trois dièses ou à trois bémols ne varie pas entre la période précédant et la période suivant l'initiation maçonnique de Mozart :

	Nombre d'entrées	Tons à 3 bémols	Tons à 3 dièses	Total « tons maçonniques »
Avant le 14 XII 1784	1 805	234 (13 %)	108 (6 %)	19 %
Après le 14 XII 1784	822	102 (12,4 %)	52 (6,3 %)	18,7 %

D'autre part, sur les dix compositions explicitement maçonniques de Mozart, deux seulement (K 471, K 479) relèvent de ces tonalités. Cette proportion s'avère bien inférieure à celle que l'on trouve dans les lieder profanes de la même période (6 sur 18), voire dans certains opéras très antérieurs à l'initiation de Mozart, où personne n'a jamais relevé (et pour cause !) la moindre influence maçonnique : sur 28 numéros de *La Finta Giardiniera*, 10 sont écrits dans des tonalités triples et 10 sur 22 dans *Idomeneo*.

Enfin, dans *La Flûte enchantée* elle-même, si l'ensemble de l'ouverture est en *mi* bémol majeur, le fameux « accord trois fois répété » n'est pas l'accord parfait majeur du 1er degré de ce ton, mais celui de *si* bémol, qui ne comporte pas la note de *mi* bémol. En outre, le prétendu symbolisme tonal n'apparaît dans aucun des quatre numéros dont la référence maçonnique est la plus claire : la « Marche des prêtres » et le premier air de Zarastro (en *fa* majeur), le « Chœur des prêtres » (en *ré* majeur) et le second air de Zarastro (en *mi* majeur)...

On pardonnera ces développements quelque peu arides, mais indispensables : ils permettent d'éclairer les chemins obscurs et touffus par lesquels beaucoup de commentateurs conduisent leurs lecteurs. Mozart n'éprouvait pas le besoin de ponctuer ses œuvres de clins d'œil ou de signes mystérieux ; la franc-maçonnerie qu'il fréquentait, comme celle de la majorité des adeptes de l'époque, ne se voulait pas plus occultiste que séditieuse. Elle était, au demeurant, infiniment moins fermée et « secrète » qu'on ne l'imagine souvent. Caroline Pichler, une Viennoise contemporaine de Mozart, écrit dans ses mémoires : « L'Ordre des Francs-Maçons connaissait une grande vogue. Leur ostentation tournait au ridicule. On composait et on imprimait des chansons maçonniques que l'on chantait partout. On portait des bijoux maçonniques en breloque. Les femmes recevaient des gants blancs des Apprentis et des Compagnons [1] et l'on baptisait *à la Franc-Maçon* des produits à la mode. »

1. Il était d'usage, quand on recevait un nouveau frère dans la franc-maçonnerie, de lui offrir deux paires de gants blancs. L'une, qu'il devrait désormais porter en loge ; l'autre pour la femme qu'il estimait le plus.

Mozart composa une dizaine de partitions expressément destinées à la franc-maçonnerie. Il s'y ajoute quelques œuvres du même esprit et, bien sûr, *La Flûte enchantée*.

La première composition indubitablement maçonnique de Mozart est un lied pour ténor et clavier, *Gesellenreise* (Le voyage du compagnon) K 468, en *si* bémol majeur, daté du 26 mars 1785. Comme l'indiquent le titre et, moins clairement, le texte, il célèbre le passage d'un frère au deuxième grade de la franc-maçonnerie. On a souvent affirmé que Mozart l'écrivit pour le passage de son père à ce grade (le 16 avril suivant) ou pour commémorer sa propre promotion (le 7 janvier précédent). Cela n'est pas impossible mais ces dates semblent l'une déjà trop lointaine, l'autre improbable : Léopold n'était pas même encore initié. En fait, le texte, de Franz Joseph Ratschky, avait déjà été mis en musique par un certain Johann Holzer et le chant publié dans le numéro du premier trimestre 1785 du *Journal für Freymaurer*. On peut supposer que Mozart voulut donner sa propre version musicale de ce poème.

Die Maurerfreude (La joie du maçon) K 471 est une œuvre beaucoup plus ambitieuse. Dans la tonalité initiale de *mi* bémol majeur, elle est écrite pour ténor solo, chœur d'hommes, violons, alto, basse, 2 hautbois, clarinette et 2 cors. Composée le 20 avril 1785 sur des paroles de Franz Petran (un prêtre, membre de la loge et chapelain d'un autre franc-maçon, le comte Thun), elle fut créée par Adamberger le 24 avril, lors d'un banquet offert en l'honneur d'Ignaz von Born, que l'empereur Joseph II venait de faire chevalier. Léopold Mozart avait retardé son départ pour Salzbourg afin d'assister à ce « banquet amical, organisé dans la concorde et le bonheur fraternels avec l'aide de la poésie et de la musique ». Artaria publia peu après la partition au profit des frères dans le besoin.

En raison d'un problème mineur de datation, la *Musique funèbre maçonnique* K 477, en *ut* mineur, a suscité beaucoup d'interprétations. Sur le catalogue tenu par Mozart figure en effet la mention : « au mois de juillet, musique maçonnique funèbre à l'occasion de la mort des frères Mecklenburg et Esterhazy ». Or, le duc de Mecklenburg-Strelitz mourut le 5 décembre de cette année et le comte Esterhazy (parent de l'employeur de Joseph Haydn), le 7 décembre. On sait aussi que l'œuvre fut exécutée le 17 du même mois au cours d'une cérémonie en l'honneur des deux défunts. On en a déduit qu'il s'agissait en réalité d'une « musique rituelle » pour l'élévation au grade de maître, qui, comme on l'a signalé, évoque l'idée de la mort et de la résurrection. L'œuvre aurait été ensuite réutilisée. Les faits démentent cependant une telle hypothèse, si séduisante qu'elle paraisse. Tout d'abord, le manuscrit de Mozart est formel : la date, quelle qu'elle soit, y est bien liée à la mort des frères en question. Ensuite, l'œuvre figure dans le catalogue entre le *Quatuor* en *sol* mineur K 478 (daté du 16 octobre) et la *Sonate* pour piano et violon en *mi* bémol majeur K 481, datée du 12 décembre. Enfin et peut-être surtout, l'idée d'une musique pour accompagner la cérémonie d'élévation au grade de maître se heurte à une double impossibilité d'ordre matériel. Quel local maçonnique, dont les documents d'époque attestent l'exiguïté, aurait-il pu accueillir un orchestre dont l'effectif minimum est de deux violons, un alto, une basse, deux hautbois, une clarinette, un cor de basson, un contrebasson et deux cors ? Enfin, la cérémonie du troisième grade, quel que soit le rite selon lequel elle est conduite, se déroule dans une obscurité presque totale. Pour une partition qui dure de six à sept minutes, ce détail pose quelques problèmes aux exécutants... et à leur chef.

On ignore la date exacte de composition des deux petits *Adagios* K 410 (484 d) en *fa* majeur pour deux cors de basset et hautbois et K 411 (484 a) en *si* bémol majeur pour deux clarinettes et trois cors de basset. Ils furent vraisemblablement composés à la fin de l'année 1785, en même temps que trois autres pièces pour des effectifs analogues, laissés inachevés par Mozart (*Allegro assai* K 484b, *Adagio* K 484c et *Allegro* K 484e, tous en *fa* majeur). La destination maçonnique de ces brèves marches ne semble guère faire de doute :

l'accompagnement du cortège traditionnel du Vénérable et de ses officiers quand ils gagnent leurs places avant l'ouverture de la loge et lorsqu'ils se retirent, après la clôture.

C'est pour une occasion bien particulière que Mozart composa les deux hymnes pour ténor et chœur d'hommes *Zerfliesset heut', geliebte Brüder* (Frères bien-aimés, élevez vos voix) K 483 en *si* bémol majeur et *Ihr unsre neuen Leiter* (À vous, qui nous dirigez désormais) K 484 en *fa* majeur, sur les textes d'Augustin Veith Edler von Schlittersberg (1751-1811). Le 14 janvier 1786, se réunissait pour la première fois la loge La Nouvelle Espérance couronnée, issue de la fusion de La Bienfaisance (la loge-mère de Mozart) avec L'Espérance couronnée et Les Trois Feux, conformément au *Handbillett* de Joseph II. Le premier de ces chants était destiné à l'ouverture, le second à la clôture de cette tenue fort solennelle.

Selon le musicologue O.E. Deutsch, Mozart aurait composé (à cette occasion ou un peu plus tard) deux autres lieder sur des paroles de Gottlieb Leon : *Des Todes Werk* (L'œuvre de la mort) et *Vollbracht ist die Arbeit des Meister* (Le travail du maître est achevé), dont les partitions seraient perdues. En fait, entre le début de l'année 1786 et le mois de juillet 1791, aucune œuvre de Mozart à caractère maçonnique n'a été retrouvée, ce qui semble correspondre, en même temps, à une lacune dans les archives de sa loge. Il existe néanmoins au British Museum (Ms. add. 32596) un recueil de chants maçonniques publié à Berlin en 1789 et dans lequel figurent quatre pièces attribuées à Mozart. Leur authenticité n'a été jusqu'à présent ni confirmée ni infirmée.

La « petite cantate allemande » *Die ihr des Unermesslichen Weltalls Schöpfer ehrt* K 619, en *ut* majeur pour voix soliste et clavier ne ressortit qu'indirectement à la « musique maçonnique ». Mozart l'écrivit, en juillet 1791, sur la demande d'un franc-maçon de Hambourg, Ziegenhagen, auteur, semble-t-il, des paroles. L'œuvre était destinée à une colonie rousseauiste et utopiste, les Amis de la nature, et non à une loge. L'inspiration maçonnique du texte n'en est pas moins évidente : « Écoutez, vous qui honorez le créateur de l'incommensurable univers, qu'on le nomme Jéhovah ou Dieu, Fu ou Brahma... Aimez l'ordre, la symétrie et l'harmonie... Tendez-vous une main fraternelle avec l'amitié éternelle dont seule la folie, et jamais la vérité, pourrait vous priver... »

Coïncidence ou fait significatif, la dernière œuvre achevée de Mozart est la *Petite cantate maçonnique* K 623, en *ut* majeur, composée le 15 novembre 1791, et écrite pour célébrer l'inauguration du nouveau local de sa loge. Mozart la dirigea lui-même le 17 ou le 18 novembre, peu de jours avant que ne se déclare la maladie qui devait l'emporter. Le terme de « petite » ne convient du reste qu'à sa durée : elle met en œuvre deux ténors et une basse, deux parties de violons, altos, violoncelles, une flûte, deux hautbois et deux cors. On a longtemps cru que Schikaneder en avait écrit le texte, mais on pense aujourd'hui que le véritable auteur serait Giesecke, dont on a vu la part qu'il revendiqua dans *La Flûte enchantée*. Selon le *Journal* de Mary Novello, qui recueillit ce témoignage auprès de Constance Mozart en 1829, les frères de loge de Mozart réservèrent à ce dernier un tel triomphe qu'il déclara : « Si je ne savais pas avoir fait mieux, je pourrais croire que cette cantate est mon chef-d'œuvre. » À cette cantate est annexé le chœur *Unissons nos mains, mes frères* K 623a en *fa* majeur, destiné à la « chaîne d'union » qui, dans beaucoup de loges, réunit les francs-maçons à la fin de leurs tenues. Un moment discutée, l'attribution de cette œuvre à Mozart n'est plus contestée aujourd'hui. Sur d'autres paroles, la musique de ce chœur est aujourd'hui celle de l'hymne national autrichien.

On peut également, pour des raisons diverses, rattacher au répertoire maçonnique de Mozart trois autres œuvres :

Le lied *O heiliges Band* K 148 en *fa* majeur dont le texte (« Ô lien sacré de l'amitié entre vrais frères... ») suggérerait facilement une destination maçonnique si l'on ne savait, par le catalogue tenu par Mozart, qu'il remonte à 1772. Toutes les recherches entreprises pour prouver une date de composition ultérieure (1785 ?) sont jusqu'à présent restées vaines. Il s'agit donc, soit d'une coïncidence, soit d'une pièce demandée au jeune Mozart par un franc-maçon ami de la famille.

Un problème identique se pose pour la cantate inachevée pour deux ténors, une basse et orchestre K 429 en *mi* bémol majeur *Dir, Seele des Weltalls* (À toi, âme de l'Univers, ô Soleil). La date de la composition de cette œuvre, qui se situe entre 1783 et 1785, le fait que l'auteur des paroles est le poète Haschka, frère de loge de Mozart, et l'insistance du texte sur le mot « lumière » ont naturellement suggéré une destination maçonnique, en particulier la fête du solstice d'été, apogée du soleil. Cette hypothèse, plausible, se heurte toutefois à deux objections au moins. D'une part, la franc-maçonnerie à laquelle appartenait Mozart, déiste, religieuse, voire expressément chrétienne, célébrait saint Jean Baptiste et saint Jean l'Évangéliste et non les solstices, comme ce sera le cas dans les obédiences de type « laïque ». On sait d'autre part que, vers 1800, un éminent pianiste, musicologue et musicien, ami de la famille Mozart, l'abbé Maximilian Stadler (1748-1833) arrangea pour divers instruments de nombreuses œuvres de Mozart, en particulier cette cantate. On n'imagine guère un prêtre, en pleine réaction antimaçonnique, s'attacher à populariser une pièce qui pût sentir le soufre — il ne s'y risqua, d'ailleurs, pour aucune œuvre expressément destinée aux loges par Mozart.

On pourrait, en revanche, qualifier de « prémaçonnique » la superbe musique de scène de *Thamos, roi d'Égypte* K 345. L'histoire de cette œuvre abonde en péripéties. En 1773, un haut fonctionnaire lettré, le baron Tobias Philipp von Gebler (1726-1786), écrivit un drame inspiré, comme plus tard *La Flûte enchantée*, du *Séthos* de l'abbé Terrasson. Il sacrifiait ainsi à la vogue de l'exotisme oriental sous ses diverses formes : chinoise, turque, persane, égyptienne. Gebler appartenait à la loge viennoise L'Espérance couronnée et l'on trouve dans sa pièce l'exaltation de plusieurs vertus prônées par la franc-maçonnerie, la recherche de la vérité, la fidélité, la bienveillance, la piété.

Gebler demanda à Gluck (qui, en dépit de certaines affirmations, ne fut jamais franc-maçon) une musique de scène pour sa pièce. Gluck, à la veille de son prochain voyage à Paris, refusa. Gebler s'adressa alors à un certain Sattler, dont il soumit la musique au jugement de Gluck, qui la trouva détestable. C'est alors que Gebler se tourna vers le jeune Mozart, âgé de dix-sept ans seulement, mais qui jouissait déjà d'une excellente réputation. L'œuvre fut représentée en 1773 à Presbourg, puis en 1776 à Vienne. Ce fut un échec : les qualités d'économiste et d'administrateur du frère Gebler l'emportaient de beaucoup sur son talent d'écrivain. Par la suite, la musique fut adaptée, avec quelques ajouts de Mozart, à une œuvre qui n'avait plus rien de maçonnique, *La Veuve de Malabar*. En dépit du succès de celle-ci, Mozart regretta toujours *Thamos*. Il approuva, s'il ne les entreprit pas lui-même, des arrangements de plusieurs chœurs de *Thamos* pour l'église — adaptation révélatrice du caractère de l'œuvre originale. On ne saurait considérer *Thamos* comme une œuvre maçonnique au sens strict du terme, mais plutôt comme une marque sur le chemin qui conduisit Mozart à la franc-maçonnerie... et à *La Flûte enchantée*.

On conclura, donc, tout naturellement, par cet « opéra allemand » K 620 composé entre le mois de juillet et le 28 septembre 1791 et créé le 30 septembre suivant au théâtre Auf der Wieden que dirigeait Schikaneder.

Aucun opéra, aucune œuvre musicale n'a sans doute fait couler autant d'encre que celle-là. Sa constante faveur auprès du public, les allusions à la franc-maçonnerie qu'il contient, son merveilleux, les contrastes de caractère que présente son action, les ouvertures qu'il offre à l'imagination des metteurs en scène, ne pouvaient que susciter une multitude d'interprétations, toutes légitimes à condition qu'elles ne contredisent pas la simple vérité historique.

Or, depuis quelques années s'est développée, voire imposée une explication de *La Flûte enchantée* à partir de la cosmogonie des éléments (Terre, Air, Eau, Feu), réputée présente à la fois dans l'opéra et dans les rituels maçonniques.

Elle s'appuie d'une part sur la scène 28 de l'acte II (en particulier le choral des deux hommes armés et le passage des flammes et des flots par Pamina et Tamino) et, d'autre part, sur un rituel maçonnique de la purification par les quatre éléments lors de l'initiation. Cette exégèse se veut d'ailleurs « totalitaire » : non seulement Tamino et Pamina, mais aussi Papageno sont censés passer quatre épreuves correspondant chacune à l'un des éléments et les phases de cette initiation, en même temps que la lutte entre la puissance solaire et bénéfique (Sarastro) et la puissance lunaire et maléfique (la Reine de la Nuit), constituerait le ressort essentiel de l'action de *La Flûte enchantée.*

Des auteurs ont du reste étendu cette vision cosmogonique à d'autres œuvres de Mozart en identifiant certains instruments à un élément spécifique. Ainsi a-t-on pu écrire que, dans la musique funèbre maçonnique K 477, « les hautbois [...] sont nés de l'arbre, donc du fruit le plus noble de la terre, le premier élément... Le cor, fondu par le Feu, en restera l'expression. Comme les éléments vont par couples (Terre et Air, Eau et Feu), on peut penser qu'il sera de même pour les instruments qui les symbolisent. La partition unissant la clarinette aux hautbois et le cor de basset aux cors, on en déduit facilement que la clarinette symbolise l'Air et le cor de basset l'Eau » (Philippe Autexier : « L'ode funèbre maçonnique de Mozart » *in Studia Musicologica Academiae Scientiarum Hungaricae,* n° 22, 1980).

Ces interprétations, d'une indéniable qualité poétique, d'une homogénéité apparemment impeccable, ne pouvaient manquer de séduire. Elles se fondent cependant sur des anachronismes qui les privent de toute vraisemblance.

L'inscription lue par les hommes armés est presque littéralement retranscrite du *Séthos* de l'abbé Terrasson, ouvrage qui constitue, comme on le sait, l'une des sources du livret. Or, *Séthos,* « ouvrage dans lequel on trouve la description des initiations aux mystères égyptiens » n'a pas le moindre rapport avec la franc-maçonnerie. L'abbé Terrasson ne fut jamais franc-maçon et n'avait guère de chances de le devenir, du moins au moment de la publication de son livre en 1731, puisque la franc-maçonnerie française ne commença son développement qu'après 1735. Et, surtout, la purification par les quatre éléments était totalement absente des rituels maçonniques de l'époque, dont nous connaissons les pratiques par de multiples « divulgations ». On n'en trouve alors trace ni en Angleterre, ni en France, ni ailleurs. En outre, on observera que la lune, qui figure bien parmi les symboles maçonniques, n'y a jamais eu la moindre connotation maléfique. Toutes les divulgations du XVIIIe siècle, de quelque origine qu'elles soient, évoquent la lune de manière analogue :

> — Qu'avez-vous vu quand vous avez été reçu Maçon ?
> — Trois grandes lumières.
> — Que signifient ces trois grandes lumières ?
> — Le Soleil, la Lune & le Maître de la Loge.
> — Pourquoi le Soleil ?
> — Comme le Soleil préside au jour & la Lune à la nuit, ainsi le Maître gouverne la Loge.
>
> Catéchisme de l'apprenti — *Le Sceau rompu*, 1745

> — Pourquoi le Maître est-il comparable à ces deux luminaires ?
> — De même que, grâce au soleil et à la lune, les hommes peuvent remplir leurs devoirs dans la société, de même l'aide et les instructions du Maître nous permettent, à nous Maçons, de remplir les devoirs du Métier.
>
> William Preston : *Lectures*, 1er grade, 1796

Ces textes sont du reste directement inspirés de la Genèse, I, 17 : « Dieu plaça [les grands luminaires majeurs] au firmament du ciel pour éclairer la terre, pour commander au jour et à la nuit, pour séparer la lumière des ténèbres et Dieu vit que cela était bon. »

En fait, il faut séparer, dans le livret de *La Flûte enchantée*, les deux éléments dont le rôle est évoqué de manière explicite (le Feu et l'Eau) et ceux (la Terre et l'Air) dont seule une sollicitation abusive du texte affirme la présence.

Les épreuves imposées à Pamina et Tamino (mais non à Papageno) se limitent à la traversée des flammes (*Feuergluten*) et à celle des flots (*Wasserfluten*). On remarquera, du reste, qu'il s'agit moins d'une purification « élémentaire » que de périls propres à éprouver le courage, la force de caractère des impétrants : au cours de cette scène 28, les termes *Tod* (mort), *Gefahr* (danger), *Schrecken* (crainte), etc., reviennent presque à chaque ligne.

La relation entre ces épreuves et celles subies réellement par le candidat à l'initiation maçonnique s'avère beaucoup moins évidente qu'on ne pourrait le croire. Totalement absentes des rituels maçonniques originels, l'épreuve du Feu et l'épreuve de l'Eau ne commencent à apparaître qu'à la fin du XVIIIe siècle et le premier texte qui les légalise, dans la franc-maçonnerie continentale, *Le Régulateur du maçon*, ne fut publié qu'en 1801. Ces épreuves demeureront d'ailleurs, et jusqu'à ce jour, pratiquement inconnues dans la franc-maçonnerie anglo-saxonne. En ce qui concerne la loge à laquelle Mozart appartenait, le tableau contemporain qui y dépeint une initiation suggère un rituel très proche des loges britanniques — dont, rappelons-le, la Grande Loge d'Autriche avait réclamé et finalement obtenu sa légitimité. En tout état de cause, on n'y voit aucun des appareils destinés à donner au candidat, aux yeux bandés, l'illusion du passage du Feu et de l'Eau.

Dans ces conditions, il faut se demander d'où les auteurs de *La Flûte enchantée* ont pu tirer l'idée de ces deux épreuves. L'expérience maçonnique de Schikaneder demeurait, comme on sait, fort limitée. Giesecke, qui revendiqua, peut-être à bon droit, la paternité d'une partie au moins du livret, était un tout jeune maçon : il n'avait été reçu, dans la même loge que Mozart, qu'en 1790. Quant à Mozart lui-même, franc-maçon depuis plus de six ans, sa loge, comme on l'a vu, ne pratiquait pas ces épreuves.

Deux hypothèses seulement restent envisageables et ne

s'excluent d'ailleurs pas forcément l'une l'autre. La première inclinerait à soutenir que les auteurs n'auraient pas puisé les épreuves du Feu et de l'Eau dans un rituel maçonnique, mais dans un archétype traditionnel, beaucoup plus large, dont le catholicisme lui-même a conservé les traces (le feu purificateur des erreurs et l'eau lustrale du baptême). L'autre hypothèse serait la connaissance directe (par une visite dans une loge pratiquant ces épreuves) ou, plus probablement encore, indirecte (par le récit d'un frère voyageur) de pratiques dont le caractère dramatique ne pouvait que séduire les auteurs d'un *Singspiel.* Dans l'un et l'autre cas, le parallélisme rigoureux entre les péripéties de la *Flûte* et une conception cosmogonique de l'initiation maçonnique, transposée à la scène par Mozart et le(s) librettiste(s), n'a aucune vraisemblance.

De toute manière, la référence aux épreuves de la Terre et de l'Air constitue un anachronisme pur et simple. En effet, c'est longtemps après la mort de Mozart que quelques maçons français, passionnés de symbolisme, voire d'occultisme, imaginèrent de rattacher certaines phases de l'initiation aux éléments de la Terre et de l'Air, afin d'obtenir une parfaite symétrie. Ils affectèrent ainsi une déambulation du candidat au signe de l'Air, alors que *Le Régulateur du maçon* de 1801, cité ci-dessus, ne parlait à cet égard que d'un simple décor sonore : « On fera jouer la grêle et le tonnerre afin d'imprimer dans son âme [celle du candidat] quelque sentiment de crainte. »

C'est encore beaucoup plus tard que d'autres « symbolistes », afin de parachever la tétralogie des éléments, assimilèrent à une épreuve de la Terre le passage dans le « cabinet de réflexion » où, avant la cérémonie, le candidat est laissé face à face avec lui-même. Totalement inconnue au temps de Mozart, cette interprétation ne sera développée qu'à la fin du XIXe et au XXe siècle, notamment par Oswald Wirth (1860-1943) ou Jules Boucher (1902-1955). La source la plus ancienne des exégèses cosmogoniques de l'initiation maçonnique se trouve dans les ouvrages publiés autour de 1820 par un personnage pittoresque, Jean-Marie Ragon de Bettignies (1781-1866), dont les censeurs les moins sévères s'accordent à considérer qu'il a « semé la confusion par des gloses sur les philosophies et les religions d'Égypte, d'Assyrie et autres pays chaldéo-macédoniens, qui ont entraîné les chercheurs fort à côté des sources vraies de l'Ordre[1] ».

Enfin, bien qu'elle ne ressortisse pas à la cosmologie des éléments, il convient de faire un sort à une autre interprétation légendaire de *La Flûte enchantée*, selon laquelle cet opéra traduirait la revendication féministe des loges d'adoption. Il s'agit là d'un autre anachronisme. La maçonnerie d'adoption féminine (qui se réduisait alors à des jeux frivoles et mondains) était apparue à la cour de Versailles sous le règne de Louis XVI. Mais elle ne connut quelque développement que sous le Consulat et l'Empire, grâce à Joséphine de Beauharnais, qui en était une adepte. La question d'une véritable initiation des femmes dans la franc-maçonnerie ne fut d'ailleurs vraiment posée qu'un siècle plus tard, par Maria Deraismes, en 1881. Comment les auteurs de *La Flûte enchantée* auraient-ils pu se passionner — et surtout passionner leurs spectateurs — pour un sujet que nul ne songeait encore à soulever ? Au demeurant, on l'a vu, la maçonnerie féminine, fût-elle d'adoption, n'existait ni à Vienne ni dans le reste de l'Empire.

À vrai dire, il suffit de prendre *La Flûte enchantée* pour ce qu'il est : un *Singspiel* populaire et génial, ancêtre des premières comédies musicales, où le merveilleux se mêle au comique et au lyrique et dans lequel Mozart a introduit les thèmes que la franc-maçonnerie l'avait amené à méditer : la recherche de la vérité, la vertu de la bienveillance, le pouvoir de l'amour. Et il n'est nul besoin de torturer les textes pour rapprocher les questions du catéchisme de l'apprenti, rapporté dans *Le Sceau rompu :*

1. Daniel Ligou, *Dictionnaire de la franc-maçonnerie*, Presses Universitaires de France, 1987.

— Qui la soutenait ? [La loge]
— Trois grands piliers.
— Comment les nommez-vous ?
— Sagesse, force & beauté.
— Pourquoi les nomme-t-on ainsi ?
— Sagesse pour inventer, force pour soutenir & beauté pour orner

... et les derniers mots du chœur final :

La force a triomphé
et elle récompense
la beauté et la sagesse
d'une couronne éternelle.

VIII

Le bon frère d'Esterhaza

Vienne, le 29e jour du mois de Noël 1784

À Franz Philip von Weber, Secrétaire de la Cour et maître des cérémonie de la loge maçonnique *La vraie concorde*.

Noble et très respecté Monsieur le Secrétaire de la Cour,

Le sentiment extrêmement favorable que j'ai formé depuis longtemps à l'égard de la Franc-Maçonnerie a éveillé en moi le vœu le plus sincère de devenir membre d'un Ordre dont la sagesse et l'amour de l'humanité sont les principes. Je me tourne vers vous, Monsieur, afin d'exprimer ma requête la plus pressante d'avoir la grande bonté d'intervenir en ma faveur auprès de la Loge de l'Ordre, de manière à instrumenter la demande ci-dessus. J'ai l'honneur de rester, avec ma profonde estime,

Votre obéissant serviteur
Josephus Haydn
Maître de Chapelle auprès du prince Esterhazy

Vienne, le 25 janvier 1785

Les travaux de la Loge *La vraie concorde* sont ouverts...

. . . .

5° : Le vote a lieu sur les candidatures du Baron Hallberg

et de Joseph Haydn, qui ne recueillent que des boules blanches. Après les félicitations d'usage, leur initiation est fixée au 28 janvier... Apponyi et Walter proposent le frère Weber comme parrain de Haydn.

Au comte Apponyi
Esterhaza le 2 février 1785

Votre Grâce,
Je n'ai reçu qu'hier une lettre de mon futur parrain Monsieur von Weber qui me dit que vous m'avez attendu anxieusement Vendredi dernier 28 janvier pour mon initiation, que j'espère intensément. Mais, en raison de l'inefficacité de nos courriers, la lettre d'invitation n'est pas arrivée à temps et tout a dû être reporté à Vendredi prochain. Ah ! si seulement c'était ce Vendredi ! J'aurais déjà l'immense bonheur de me joindre à un groupe d'hommes aussi remarquables.

Joseph Haydn

Vienne, le 11 février 1785

Les travaux de la Loge *La Vraie Concorde* sont ouverts.

....

3° : Se déroula de la même manière l'initiation du deuxième candidat, Joseph Haydn, fils de Mathias, âgé de 51 ans, né le 1er mai, de foi catholique et de famille bourgeoise à Rohrau en Autriche, actuellement Maître de Chapelle du Prince Esterhazy, n'appartenant à aucun Ordre connu et mû par le désir et la volonté sincères de devenir membre de l'Ancienne et Honorable Société des Francs-Maçons, sans y avoir été conduit par sa curiosité, ni suborné, obligé ou persuadé en cela par qui que ce soit d'autre, élu par scrutin à boules blanches et noires selon les statuts de l'Honorable Société, il a été accepté dans cette loge de saint Jean comme franc-maçon, apprenti et frère.

Dans son allocution de bienvenue, le frère Joseph von Holzmeister, commis en chef du ministère de la Guerre, n'avait pas manqué de tracer un parallèle entre l'harmonie qui doit régner dans la société des hommes, but même de la franc-maçonnerie, et celle de la musique, familière au nouvel apprenti, espérant que « ses frères seraient persuadés de l'importance capitale de cette pièce fondamentale de l'architecture maçonnique ».

La carrière maçonnique de Joseph Haydn n'en commençait pas moins par un contretemps dû aux retards de la poste, et l'on imagine que le musicien en fut d'autant plus fâché que le report de la date le priva de la présence de son ami Mozart à son initiation. Ce vendredi 11 février 1785, Mozart donnait en effet le premier d'une série de concerts en souscription au cours duquel il créa son *20e Concerto* pour piano en *ré* mineur K 466, dont l'encre était à peine sèche. Dès le lendemain, cependant, Haydn passa la soirée chez Mozart. Celui-ci, son père, qui séjournait alors à Vienne, et les frères Anton et Bartholomeus Tindi, tous deux membres de La Vraie Concorde, jouèrent les trois derniers quatuors que Wolfgang avait dédiés « à mon cher ami Haydn ». Ce dernier fit alors à Léopold Mozart une déclaration qui passa à la postérité : « Je vous le dis devant Dieu, en honnête homme que je suis, votre fils est le plus grand compositeur que je connaisse, en personne ou non. Il a non seulement du goût mais la plus grande science de la composition. »

Il est certain que, dans le mouvement qui poussa Haydn à demander son admission dans la franc-maçonnerie, Mozart joua un rôle déterminant. En dépit de la différence de leur âge (quelque vingt-quatre ans) et de leur tempérament, les deux musiciens se portaient une tendre amitié et une grande admiration mutuelle. Cependant, l'influence de Mozart ne fut sans doute pas la seule ; il faut y voir aussi celle du négociant Puchberg, qui secourut souvent Mozart et dont Haydn appréciait les conseils en matière de finance, ainsi que celle du conseiller aulique Franz von Greiner. Haydn, Mozart, tout comme Salieri, Cimarosa et Paisiello fréquentaient volontiers le salon de ce membre éminent de La Vraie Concorde, passionné de musique et père de la poétesse Caroline Pichler dont on a cité, dans un chapitre précédent, un témoignage sur la franc-maçonnerie viennoise de l'époque. Il faut encore tenir compte de la soif de rencontres de Haydn, obligé de vivre loin de Vienne et qui, au retour d'un trop court séjour dans la capitale, se plaignait ainsi à son amie Marianne von Genzinger (9 février 1790) : « Me revoilà à présent dans ma solitude... abandonné... comme un pauvre orphelin... presque sans société humaine... triste... tout plein du souvenir des beaux jours passés... et qui sait quand reviendront ces jours agréables, cette belle société où tout un cercle d'amis ne forme qu'*un cœur*, qu'*une âme*... »

L'expression « carrière maçonnique », utilisée plus haut, ne semble guère adéquate dans le cas de Joseph Haydn : son nom n'a été trouvé sur aucun registre de présence après son initiation et l'on ignore même s'il reçut les autres grades maçonniques. On en a déduit, peut-être un peu vite, que Haydn comptait parmi ceux que l'on appelait au XVIIIe siècle les « frères de saint Jean » et qui, détachés de toute loge, se contentaient d'une appartenance nominale à la société. En fait, les états de La Vraie Concorde (ou plus exactement, ceux de La Vérité dans laquelle la loge s'était amalgamée après le *Handbillett* de Joseph II) portent encore en 1787 la mention « en voyage », ce qui montre que Haydn n'était ni démissionnaire, ni radié de la franc-maçonnerie. H. C. Robbins Landon a d'autre part découvert que sur place, au château d'Eberau, où demeurait le comte Esterhazy franc-maçon lui-même comme presque tous les membres de sa famille, fonctionnait une petite loge nommée La Roue d'or. On sait aussi qu'Ignace Pleyel, élève de Haydn, y fut initié. Il existerait donc de fortes présomptions pour que Haydn ait fréquenté cette loge locale plutôt que celle de Vienne, ville où il ne se rendait qu'assez rarement, et pour des séjours fort occupés. Pendant ses voyages en Angleterre, en 1791-1792 et 1794-1795, il est également possible que Haydn ait eu l'occasion de visiter la loge allemande de Londres, Pilgrim n° 238, à laquelle appartenait son imprésario et ami Johann Peter Salomon. La signature de Haydn n'a toutefois pas été identifiée sur le registre de cette loge. Toujours à Londres, il accepta de diriger l'une de ses symphonies lors d'un concert maçonnique de charité au Free Masons' Hall, le 30 mars 1795, mais il se dédit à la dernière minute, apprenant qu'il n'y aurait pas de répétition et que l'orchestre déchiffrerait à vue !

On a cherché, tout naturellement, des éléments de caractère maçonnique dans la musique de Joseph Haydn. En dépit de ces recherches, les lieder que Haydn aurait composés pour la loge d'Eberau n'ont toujours pas été découverts. Quant aux six symphonies « parisiennes » (nos 82 à 87), commandées par les concerts de la loge L'Olympique de la parfaite estime et composées dans les mois qui suivirent l'initiation de Haydn, nul n'a pu y détecter la moindre connotation maçonnique. On a souvent souligné la transparence et la fraîcheur presque populaire de ces chefs-d'œuvre où Haydn n'a fait d'allusion qu'à une romance française à la mode, fort peu maçonnique, *La Gentille et Jeune Lisette* — dans le second mouvement de la *Symphonie n° 85*, dite « La Reine de France ».

On n'a pas manqué de noter, en revanche, que les livrets de ses deux grands oratorios, *La Création* (1796-1798) et *Les Saisons* (1799-1801), sont tous deux, en grande partie du moins, de la plume du baron van Swieten, franc-maçon très respecté, protecteur et ami de Mozart, que l'on a déjà rencontré. On s'abstiendra cependant de toute conjecture en se limitant à la simple évidence. Il n'y a rien d'extraordinaire à ce que le texte comporte, consciemment ou non (les loges étaient interdites en Autriche depuis quelques années), une coloration maçonnique, ni même à ce que le compositeur se soit souvenu de cet « ordre dont la sagesse et l'amour de l'humanité sont les principes ». Y rechercher entre les notes des correspondances symboliques serait prêter au bon frère d'Esterhaza un goût assurément surprenant pour le secret des pyramides.

IX

Great Queen Street

> Nul ne cède ici à de vains babillages
> Sur les Whigs ou sur les Tories
> Chacun s'accorde au contraire
> Pour vivre en paix,
> Chanter ou se narrer quelque histoire.

Ainsi les maçons anglais chantaient-ils, au XVIIIe siècle, l'un des principes sur lesquels la société avait été fondée et dont la « Mère-Loge du Monde » ne dévia pratiquement jamais : la franc-maçonnerie est le « centre de l'union » et aucune des disputes qui agitent le « monde profane » ne saurait venir y diviser les frères.

La paix civile rétablie après un demi-siècle de déchirements, l'acte de Tolérance et le régime parlementaire renforçaient encore la nécessité de ce principe. Dans ce pays qui s'enorgueillissait d'une liberté d'expression alors unique en Europe, tous devaient pouvoir se retrouver fraternellement dans les loges : les nobles et les bourgeois (du reste bien moins cloisonnés que sur le continent), les adeptes des multiples sectes et des différentes religions (y compris les juifs, qu'on recevait sans difficulté), les tenants des deux grands partis politiques, whigs ou tories. Si l'on y ajoute la réticence britannique à l'égard des grands débats théoriques (ce qui n'excluait pas les divergences, voire les conflits sur des questions de pratique rituelle), on ne sera pas surpris que la franc-maçonnerie anglaise manifestât un moindre degré de préoccupations intellectuelles que celles du continent. Aussi n'existait-il guère de loge comparable aux Neuf Sœurs de Paris ou à la Vraie Concorde de Vienne.

Le goût et la pratique de la musique y demeuraient cependant très réels. Certes, on a beaucoup médit de la musique anglaise du XVIIIe siècle qui reste, dans le meilleur des cas, mal connue. La vie musicale, extrêmement active, faisait néanmoins de Londres la rivale de Paris. Pas un grand interprète n'eût manqué de s'y faire applaudir. On a vu Philidor, Cherubini, Viotti, Sacchini, Carl Philipp Emanuel Bach et tant d'autres traverser et retraverser le Channel. Haendel, arrivé à Londres en 1711, s'y fixa jusqu'à sa mort en 1759 ; Haydn revint ébloui de ses deux séjours et Mozart envisagea si sérieusement de s'y établir qu'il entreprit, à la fin de sa vie, l'étude de l'anglais. Quant aux œuvres des compositeurs britanniques de l'époque, on en redécouvre aujourd'hui, peu à peu, la richesse et la variété.

Compte tenu du caractère particulièrement convivial de la franc-maçonnerie anglaise, la musique vocale sous ses diverses formes y tenait une place essentielle. Il faut d'ailleurs prendre le terme « convivial » dans la plénitude de son sens : beaucoup de loges anglaises se réunissaient encore autour d'une grande table, comme le montrent de nombreux documents iconographiques et l'une des plus célèbres divulgations de l'époque, *Jachin and Boaz* (1re édition, 1762) :

> Lorsqu'ils s'assoient à la table, le Maître prend la première place du côté Est, la Bible ouverte devant lui, et, posé sur celle-ci, un compas aux pointes recouvertes d'une équerre (Lignum Vitae), le premier et le second surveillant face au Maître, à l'Ouest et au Sud. Sur la table il y a différentes sortes de vins, de punch, etc., pour régaler les

Frères qui prennent place en fonction de leur grade ou de leur ancienneté.

Les diverses phases du rituel se déroulent autour de la table, ponctuées par des chansons et par des toasts dont une autre divulgation, très hostile à la franc-maçonnerie (*Three Distincts Knocks,* 1760), affirme qu'ils peuvent se prolonger jusqu'au matin. En fait, de manière générale, seuls les chants traditionnels depuis les *Constitutions* de 1723 accompagnaient les cérémonies ; c'est une fois la loge fermée, et souvent autour d'une autre table, celle du dîner, située dans une autre pièce, que l'on chantait les chansons, *glees, catches,* etc., tirés d'un répertoire sans cesse renouvelé.

Entre 1750 et la fin du siècle, en effet, une bonne vingtaine de nouveaux recueils sont édités et réédités. Sans qu'on puisse en dresser une statistique précise, il semble bien qu'ils comportent à la fois plus d'airs nouveaux et plus de planches de musique notée que les recueils français, par exemple. Cela s'explique aisément par le niveau élevé de la pratique amateur chorale en Angleterre et, aussi, par le fait que la plupart des grands compositeurs de musique vocale populaire appartenaient à la franc-maçonnerie. Tel était le cas de John Immyns (?-1764), fondateur en 1741 de la Madrigal Society (qui existe toujours) ; de Samuel Webbe (1740-1816), l'un des fondateurs du Glee Club en 1787, à qui l'on doit certaines des meilleures pièces de ce genre ; de William Hayes, fort célèbre en son temps, inlassable champion de la gloire de Haendel et auteur, entre autres, d'une très belle *Ode sacred to Masonry,* ainsi que de son fils, Philip Hayes, gentleman de la Chapelle royale, renommé pour son énorme corpulence et son mauvais caractère ; de John Stafford Smith (1750-1836), organiste, musicologue et maître des enfants de la Chapelle royale — on lui doit la préservation de beaucoup de partitions anciennes et la composition d'innombrables chansons, *catches* et *glees* dont l'un, *To Anacreon in Heaven,* devint, avec d'autres paroles, l'hymne américain *The Star-Spangled Banner ;* de Richard Wainwright (1757-1825), qui composa l'un des plus grands « tubes » de l'époque, *Life's a bumper*.

En dépit des « différentes sortes de vins et de punch [1] » et de la très large liberté des mœurs de l'époque, il semble bien qu'on ne se hasardait guère, en loge ou après les tenues, à franchir certaines limites. Une divulgation de 1764, *Hiram or the Grand Master Key* reconnaît en effet :

> Certes, il peut arriver, après la clôture de la loge, qu'un membre, échauffé par le jus de la vigne, s'imagine affranchi des lois de la décence et se permette une chanson obscène. Mais, si l'on admet en général qu'un bon chanteur n'est tenu à aucune restriction, les bons francs-maçons n'ont pas adopté cette règle, ce qui ne signifie pas que leurs chansons, après la clôture de la loge, ne soient pas gaies et joyeuses.

En fait, les chansons de la franc-maçonnerie anglaise « abondent dans l'expression des vertus morales et sociales », comme l'écrit l'éditeur de *The Principles of free Masonry Delineated*, ouvrage contenant trente-six chants maçonniques et paru en 1777. Les auteurs ne reculaient devant aucune emphase quand il s'agissait d'exalter la société. Ainsi n'hésitaient-ils pas à revendiquer, comme franc-maçon, rien de moins que le Barde lui-même !

> De grands honneurs lui ont été rendus,
> Mais pour faire rayonner le nom de Shakespeare
> Et sa gloire, on ne peut rien mieux
> Que dire : IL FUT FRANC-MAÇON.

L'évolution de la franc-maçonnerie en Angleterre allait cependant modifier le caractère de la musique exécutée dans les loges. La multiplication des divulgations, plus ou moins exactes, dont les franc-maçons eux-mêmes se servaient

1. L'ivrognerie, surtout mondaine, bénéficia très longtemps en Angleterre d'une certaine indulgence. On buvait surtout du vin dans la bonne société, le gin étant laissé aux basses classes et le whisky aux cochers...

comme aide-mémoire, la constitution, en 1751, d'une deuxième Grande Loge rivale de la première et les querelles de forme qui les opposaient, une dégradation perceptible de la rigueur avec laquelle les réunions étaient souvent conduites incitèrent un franc-maçon passionné, William Preston, à proposer une réforme et une unification de la pratique rituelle. Pour illustrer ses thèses, William Preston donna dans la grande taverne Crown and Anchor sur le Strand (qui hébergeait par ailleurs d'éminentes sociétés musicales) une série de répétitions du rituel, dénommées « galas », dans lesquelles la musique jouait un rôle important.

Le programme du premier « gala », donné le 21 mai 1772, montre que les goûts de Preston ne le poussaient pas à la chansonnette. Après l'ouverture de la loge et un discours de William Preston, un toast fut porté au Grand Maître et des musiciens, placés dans la galerie, firent entendre une sonnerie de cors, ce qui ne put que souligner la solennité de la cérémonie, puisqu'en Angleterre, depuis des siècles, ce genre d'*intrada* était réservée aux grandes circonstances. Trois chanteurs professionnels chantèrent ensuite l'ode *Wake the lute and quivering strings* (« Que le luth et les cordes résonnent »). Dans la suite de la cérémonie, on entendit successivement le chant traditionnel *Hail Masonry, Divine,* un « air solennel », l'anthem (forme anglicane du motet) *Grant us, kind Heav'n, what we request* (« Accorde-nous, Ô Ciel, ce que nous demandons »), un trio de clarinettes et basson, le chant *Arise and blow thy trumpet, O Fame* (« Ô Renommée, lève-toi et sonne ta trompette »), un « air vif », et, enfin, le chant traditionnel de l'apprenti, repris par toute l'assistance.

Nous n'avons pu identifier avec exactitude les auteurs de ces œuvres, mais leur caractère ne laisse pas de doute : ces pièces sérieuses sont tirées soit de la musique religieuse, soit de l'énorme répertoire des oratorios, genre extrêmement prisé par les Anglais. William Preston n'en demeura pas là. Il introduisit des musiques de même nature dans toutes les démonstrations qu'il conduisit par la suite, notamment au sein de l'immémoriale et prestigieuse Lodge of Antiquity.

Les enseignements de William Preston furent rassemblés dans un ouvrage, *Illustrations of Masonry*, qu'il ne cessa d'augmenter et dont les nombreuses éditions eurent une influence considérable sur la pratique maçonnique britannique. La première édition, en 1772, ne comportait pas de musique, mais Preston en ajouta dès la deuxième, en 1775. Dans la neuvième édition, en 1796, on ne trouvait pas moins de dix odes, quatre anthems et trente-trois chansons. La musique de certaines de ces pièces était empruntée à Haendel ; parmi les chansons figurait un texte célèbre du grand poète et franc-maçon Robert Burns, *The Farewell*, écrit en 1786 et dont la gravité illustre bien l'évolution du chansonnier maçonnique britannique.

L'accompagnement des chants maçonniques impliquait généralement le violon, la flûte, le hautbois, le cor et même la guitare, fort en vogue à l'époque. Mais l'orgue, c'est-à-dire l'instrument de musique dont les connotations spirituelles, sinon religieuses, sont les plus marquées, ne tarda pas à faire une entrée en force dans les loges anglaises. En 1775, la Grande Loge de Londres édifia, dans Great Queen Street, le premier immeuble spécialement destiné aux réunions maçonniques, Freemasons' Hall. Elle y installa à la fois un orgue et une tribune pour un orchestre. Dès l'année suivante, la loge Old Dundee n° 18 s'équipait elle aussi d'un orgue, prêté par l'un de ses membres. Et, en 1812, la Grande Loge reconnaissait officiellement, en quelque sorte, la place prise par l'instrument en créant un office national de Grand Organiste. Le poste fut confié au plus grand organiste de son temps, Samuel Wesley (1766-1837). Fils de Charles Wesley, auteur des textes de plus de six mille cinq cents hymnes et neveu de John Wesley, fondateur du méthodisme, Samuel Wesley avait été un enfant prodige ; virtuose exceptionnel, il devint le champion en Europe de Jean-Sébastien Bach dont on retrouve quelques traits dans son œuvre, tant profane que religieuse. Converti au catholicisme, puis revenu à l'anglicanisme, Samuel Wesley fut en effet un excellent compositeur, trop longtemps oublié, mais qui reconquiert peu à peu aujourd'hui la place qu'il mérite. Dans ses fonctions maçonniques, Samuel Wesley composa notamment un anthem exécuté le 27 décembre 1813 pour célébrer la réunification de la franc-maçonnerie anglaise — divisée depuis 1751, comme on l'a vu, entre les deux Grandes Loges des Anciens et des Modernes. Le successeur de Samuel Wesley fut sir George Smart (1776-1867), illustre chef d'orchestre et l'un des fondateurs de la Philharmonic Society en 1813. Smart, qui ne composait pas, avait noué amitié avec Weber et Beethoven, dont il créa la *9ᵉ Symphonie* en Angleterre. Sans qu'il y exerçât de fonctions officielles, la franc-maçonnerie anglaise pouvait également compter sur une autre célébrité, Thomas Attwood (1765-1838). Élève de Mozart à Vienne de 1785 à 1787, on peut imaginer que l'exemple de son maître joua un certain rôle dans son engagement maçonnique. Mozart le tenait en grande estime et affirmait : « De tous mes élèves, c'est celui qui partage le mieux mon style et je prédis qu'il deviendra un excellent musicien. » Attwood, organiste de la cathédrale Saint-Paul puis de la Chapelle royale, devint l'ami de Mendelssohn lors des voyages de celui-ci en Grande-Bretagne et prit une part très active dans les institutions musicales de son temps. Il écrivit de nombreuses œuvres pour le théâtre, mais aussi des odes, des cantiques et des anthems d'un grand intérêt. Et, puisqu'il est ici question de Mozart, on signalera en passant le nom de William Linley (1771-1835) qui fut Grand Diacre de la Grande Loge unie d'Angleterre pour l'année 1824. William Linley, musicien lui aussi, était le frère de Thomas Linley (1756-1778), lié à Mozart par une profonde amitié de jeunesse et dont la mort prématurée priva sans doute l'histoire de la musique d'un très grand compositeur.

La franc-maçonnerie britannique comptait du reste dans ses rangs les meilleurs musiciens du pays. Si l'appartenance du grand symphoniste William Boyce (1711-1779) reste contestée, celle de Thomas Arne (1718-1778) semble à peu près certaine. Pratiquement autodidacte en musique, Thomas Arne n'en devint pas moins le meilleur compositeur anglais de son siècle, du moins dans le domaine lyrique — on se rappelle que le fameux *Rule Britannia* se trouve dans l'un de ses « masques », *Alfred*. De nombreux textes d'odes et de chansons maçonniques ont été adaptés à des partitions de Thomas Arne, sans que l'on puisse assurer de la participation active du compositeur à cet exercice.

Enfin, on peut associer à la franc-maçonnerie britannique un autre membre de la grande famille Bach : Jean-Chrétien (1735-1782), dernier fils de Jean-Sébastien, qui s'était installé à Londres en 1762. En association avec un élève de son père, Carl Friedrich Abel (1723-1787), excellent compositeur lui aussi, il y créa en 1764 une société de concerts par abonnement qui connut un vif succès. Jean-Chrétien Bach et Carl Friedrich Abel participèrent au grand concert donné pour l'inauguration du Masonic Hall de Londres, le 23 mai 1776, puisqu'une résolution de la loge The Nine Muses en date du 1er avril 1777 stipula :

> Il est décidé que Bach ou tout autre grand interprète approuvé par le comité seront initiés dans la Maçonnerie avec dispense de tout droit à acquitter.

En fait, Abel fut admis dans cette loge le 24 avril suivant et Jean-Chrétien Bach, le 15 juin 1778. L'un et l'autre reçurent les trois grades de la franc-maçonnerie dans la même soirée.

Un petit mystère subsiste cependant. En 1779, Abel eut l'honneur insigne d'être nommé « Grand Steward » pour le banquet annuel de la Grande Loge, le 29 avril. Signe de la considération dans laquelle on tenait les musiciens, un hautboïste, Redmond Richmond, en 1777 et, en 1782, un maître à danser, William Miller, furent investis de la même dignité. Cette distinction très recherchée comportait cependant quelques risques : les Grands Stewards, organisateurs de cette fête, étaient également responsables du déficit éventuel — mésaventure du reste fréquente. Or, le nom de Bach apparaît dans la liste des Grands Stewards pour la fête du 30 avril 1781 et l'on en a naturellement déduit qu'il s'agissait de Jean-Chrétien, honoré à son tour par la franc-maçonnerie. Toutefois, selon le document, ce Bach se prénommerait non pas Jean-Chrétien, mais Frederick (sans désignation de loge) et, si une erreur de graphie reste possible, on imagine assez mal que Jean-Chrétien, qui connaissait alors de grosses difficultés financières, ait pu accepter cette charge. Ajoutons enfin, ce qui ne simplifie rien, qu'aucun autre membre de la dynastie de Bach (où le prénom de Friedrich est fréquent) ne se trouvait alors à Londres...

Les musiciens anglais semblent avoir été moins tentés que leurs frères français à se regrouper dans un petit nombre de loges. On aura cependant noté The Nine Muses au titre significatif, et il faut signaler une Musicians'Lodge qui fonctionna de 1767 à 1780. Celle-ci recrutait toutefois davantage des mélomanes passionnés, tel le pharmacien James Farmer, l'un de ses fondateurs, que des professionnels. Et, si l'on trouve beaucoup de francs-maçons dans les sociétés musicales de Londres et des provinces, leur présence ne pouvait avoir le même caractère qu'en France : plus d'un demi-siècle avant qu'ils n'apparussent à Paris, les concerts foisonnaient déjà à Londres, sans qu'aucun privilège n'en eût jamais limité le nombre ou l'activité.

En tant qu'institution, la franc-maçonnerie britannique ne s'en intéressa pas moins à la musique. Comme on l'a vu, l'inauguration en 1776 du Freemason's Hall, Great Queen Street, donna lieu à un grand concert, organisé et dirigé par l'organiste Josuah Bates (1740-1799). Le programme comprenait *Zadok the Priest*, l'un des hymnes composés en 1727 par Haendel pour le couronnement de George II, un concerto de Corelli (sans doute le *8e Concerto grosso* op. 6, dit « de la nuit de Noël »), l'inévitable *Rule Britannia* et une grande ode pour ténor, basse, chœur et orchestre, composée pour la circonstance par John Abraham Fisher (1744-1806). Chef de l'orchestre de Covent Garden, Fisher, par ailleurs violoniste virtuose, était l'auteur de nombreuses œuvres lyriques à succès. Son nom reste également lié, bien que de manière indirecte, à Mozart : il épousa en secondes noces la grande cantatrice Nancy Storace, pour qui Mozart éprouva un très tendre sentiment.

Après l'inauguration, les concerts se poursuivirent au Freemason's Hall. On y créa, entre autres, en 1779, l'oratorio *Carmen saeculare* de Philidor, sur un texte du poète latin Horace. Le caractère maçonnique de cette œuvre, au demeurant superbe, tient essentiellement à l'allusion que l'on peut percevoir dans les premiers mots du Prologue :

> *Odi profanum vulgus et arceo*
> *Favete linguis...*
> (Je hais la foule des profanes et la tiens écartée,
> Gardez vos langues recueillies...)

La création du *Carmen saeculare* fut dirigée par l'un des meilleurs musiciens anglais du XVIIIe siècle, bien sûr franc-maçon, Samuel Arnold (1704-1802). Homme de théâtre, Samuel Arnold composa une quarantaine d'œuvres pour la scène, dont *The Spanish Barber,* le premier opéra tiré du *Barbier de Séville,* cinq ans avant Paisiello et quarante ans avant Rossini. Sa verve, son invention, sa curiosité pour les thèmes folkloriques ou exotiques méritent mieux que la pénombre dans laquelle son talent est encore tenu. Organiste et compositeur de la Chapelle royale, il écrivit une dizaine d'oratorios, des anthems, des odes, des chansons et de nombreuses œuvres de musique de chambre, tout en s'occupant activement d'organiser l'aide aux musiciens déshérités. En fait, tous les concerts du Freemason's Hall étaient donnés au profit d'œuvres de bienfaisance et, parmi les nombreux musiciens francs-maçons qui leur apportèrent leur concours, il faut citer un élève de Stamitz établi à Londres, le violoniste Wilhelm Cramer (1746-1799) ainsi que Johann Peter Salomon (1745-1815), compositeur et violoniste lui aussi. Salomon rêvait d'attirer à Londres Mozart et Haydn, qu'il admirait par-dessus tout. On sait qu'il y parvint, en ce qui concerne le second, en 1791 et en 1794.

Il faut enfin parler du théâtre lyrique, dont les rapports avec la franc-maçonnerie anglaise, au XVIIIe siècle, furent toujours particulièrement étroits. Comme s'il ne suffisait pas, en effet, qu'une bonne partie des auteurs, des chefs d'orchestre et des musiciens de théâtre fussent francs-maçons, on mit, à plusieurs reprises, la société elle-même sur la scène. Certes, la chose s'était vue en France, avec quelques saynètes comme *Polichinelle maître maçon* représenté par les marionnettes de la foire Saint-Germain (1744), ou *Les Fra-Maçonnes*, parodie par Poinsinet de l'acte des Amazones de l'opéra *Les Fêtes de l'Hymen et de l'Amour* de Rameau (1754), joué à la foire Saint-Laurent, ou encore *L'École des Francs-Maçons ou Les Francs-Maçons sans le savoir* d'Honoré André (1779) (dont on ne sait s'il fut représenté). Mais il s'agissait de spectacles de nature et de portée extrêmement limitées, auxquels le privilège de l'Académie royale interdisait, de toute manière, une éventuelle ambition musicale. On a vu en revanche qu'en Angleterre, dès 1730, un opéra-ballade comme *The Generous Freemason* avait remporté un succès considérable auprès du public de Drury Lane. Dans la seconde moitié du siècle, une œuvre à grand spectacle, signée d'un des auteurs lyriques les plus connus du moment, obtint un succès encore plus considérable : *The Harlequin Freemason* [1], musique de Charles Dibdin, créé au Théâtre royal de Covent Garden le 29 décembre 1780.

Charles Dibdin (1745-1814), assurément la personnalité la plus pittoresque de la musique anglaise de son temps, en était aussi l'une des plus douées. Dix-huitième enfant d'une famille pauvre, il toucha à tout sans rien avoir appris à l'école : compositeur, comédien, chanteur, il fut aussi poète, romancier, historien et librettiste (le texte de *The Harlequin Freemason*, comme la musique, sort de sa plume). Souvent menacé de la prison pour dettes (ce qui n'avait du reste rien de déshonorant), il s'exila deux ans à Nancy, puis décida de partir pour les Indes, mais, s'apercevant que la mer ne lui

1. Malgré la similitude du titre, *The Harlequin Freemason* n'a rien de commun avec *Arlequin franc-maçon*, donné à Paris sur le « Théâtre à Nicolet », dans les années 1740 (cf. p. 47).

réussissait pas, se fit débarquer à peine le départ sifflé. Dans son œuvre truculente, colorée, parfois bâclée, à l'instar de sa vie, de véritables petits chefs-d'œuvre (*The Ephesian Matron, The Brickdust Man*) ont été récemment redécouverts. On n'a pas retrouvé le lieu ni la date de la réception de Dibdin dans la franc-maçonnerie mais son appartenance à la société ne fait guère de doute.

Le programme de *The Harlequin Freemason* tel qu'il parut dans la presse de l'époque, mérite, au moins pour le plaisir, qu'on le reproduise ici avec quelque détail :

> La scène qui ouvre l'œuvre s'accorde avec l'opinion professée par tous les francs-maçons et selon laquelle l'Architecture est fondée sur ce grand édifice : l'HOMME. On y voit trois francs-maçons travaillant sur une représentation de l'homme, formée à l'aide des différents ordres d'Architecture : la Tête, d'ordre composite ; les Bras, d'ordre corinthien ; le Tronc, d'ordre ionique ; les Cuisses, d'ordre dorique et les Jambes, d'ordre toscan. Lorsque la fin du travail est annoncée, ils s'apprêtent à partir, mais voici qu'apparaît l'ombre d'Hiram Habbiff (Grand Surveillant du roi Salomon et son adjoint pour la construction du Temple de Jérusalem). Hiram Habbiff transforme la figure de pierre en Arlequin, lui donne un tablier de franc-maçon, lui enseigne l'usage des outils et lui donne une Truelle dotée d'un pouvoir magique qui l'assistera en cas de difficultés. L'ombre s'évanouit. À son premier regard, Arlequin découvre Colombine (fille d'un Juif), en compagnie de son père. Celui-ci inspecte un bâtiment qu'il est en train de construire et qu'Arlequin, pour éprouver les pouvoirs de sa Truelle, achève d'une simple touche de l'instrument.
>
> Arlequin utilise ensuite sa Truelle pour élever un Temple de Bacchus pour un groupe de paysans des Alpes, puis pour une représentation de l'immeuble de bois, à Covent Garden, où l'on exposait un aloès. Suivent de nombreuses aventures et de multiples changements de

décors, notamment une scène sur la glace, en Hollande, avec des patineurs, une mer tumultueuse, une Cour de Justice à Billingsgate, le tout entremêlé d'airs, de catches, de chœurs, jusqu'à ce qu'Hiram Habbiff apparaisse de nouveau et obtienne du vieux Juif son consentement au mariage d'Arlequin et de Colombine. Ce point réglé, il annonce que sa présence à une tenue de Grande Loge est nécessaire ; c'est en effet la fête anniversaire[1] au cours de laquelle on installe le nouveau Grand Maître du Noble et Ancien Ordre des Maçons Francs et Acceptés. Ce qui introduit tout naturellement une procession au cours de laquelle est présentée la succession régulière des principaux Grands Maîtres, depuis Enoch jusqu'à nos jours, illustrant ainsi, de manière plaisante et instructive, l'ancienneté, l'accomplissement et la dignité de la Maçonnerie.

Bien qu'une autre œuvre *(The Suspicious Husband)* fût inscrite au même programme de Covent Garden, *The Harlequin Freemason* n'était pas un simple intermède ; les airs (parmi lesquels le traditionnel *Hail Masonry, Divine*), les chœurs et les récitatifs se poursuivaient par une représentation d'un genre dont les Anglais raffolaient depuis près de trois siècles, un *pageant,* en l'espèce la longue procession des Grands Maîtres où l'on pouvait admirer, entre autres, Salomon, Darius, Jules César, Vespasien, Constantin et sir Christopher Wren. Boudé par la critique, qui en dénonçait le caractère trop spectaculaire, *The Harlequin Freemason* triompha auprès du public : en un an, Covent Garden dut le programmer soixante-trois fois. Repris partiellement sous une autre forme et un autre titre, il eut encore quatre-vingts représentations entre 1789 et 1793. Enfin, et cela ne surprendra guère, plusieurs chansons de *The Harlequin Freemason,*

1. L'élection du Grand Maître avait traditionnellement lieu à la Saint-Jean d'été, jour anniversaire de la fondation, en 1717, de la première Grande Loge à L'Oie et le Gril.

publiées dans divers recueils, entrèrent dans le répertoire habituel des loges britanniques.

On ne saurait conclure ce chapitre en négligeant la pratique musicale de la fille aînée de la maçonnerie britannique, la franc-maçonnerie américaine. À vrai dire, l'histoire des premières décennies de la société, outre-Atlantique, paraît assez compliquée. La Grande Loge anglaise des Anciens, celle des Modernes, la Grande Loge d'Écosse, sans compter la Grande Loge d'Irlande s'y faisaient concurrence, sans compter les nombreuses loges militaires des régiments britanniques. Les premiers chants maçonniques imprimés en Amérique furent certainement ceux des *Constitutions* d'Anderson de 1723, publiés en 1734 à Philadelphie par Benjamin Franklin, qui avait commencé sa carrière comme typographe.

C'est en 1762 que l'on voit attestée la première œuvre de production locale, une ode pour voix et instruments de Benjamin Yarnold (1728-1787), musicien anglais fixé à Charleston depuis 1753. Dix ans plus tard, en 1772, un certain Peter Valton (?-?) compose à l'intention des frères une œuvre du même genre. Les deux partitions sont malheureusement perdues.

Avec l'indépendance et le développement foudroyant [1] de la franc-maçonnerie américaine (plus de 750 loges en 1810 pour à peine plus de 7 millions d'habitants), les partitions commencent à se multiplier. Une source américaine, le *Bellamy Band Book* de 1799, conservé à la bibliothèque du Congrès (Cote M 1200, Case B 45), contient une *Freemason's March* pour orchestre et une version orchestrée du chant de l'apprenti. Un recueil de 1800, intitulé *Masonic Music, Selected and Composed for the Installation of the Merrymack Lodge, Haverhill, Massachussetts,* dont l'auteur ou (et) l'éditeur est un certain Samuel Holyoke, offre trois pièces vocales

1. On se rappellera que presque tous les pères de la révolution américaine, de même que les officiers français qui les assistèrent, étaient francs-maçons.

et trois pièces instrumentales, dont une autre « Marche des francs-maçons », de William Dubois (?-?). Cette dernière a dû connaître une certaine célébrité puisqu'on la trouve publiée sous diverses formes, pour pianoforte et pour petit ensemble (violons, clarinettes, cors et basse). Enfin, on a retrouvé la trace, mais non la partition, d'une *Ouverture maçonnique* d'Alexander Reinagle (1756-1809), compositeur à Philadelphie.

Un important recueil de chants maçonniques, *Masonic Ministrel,* paru en 1816 à Dedham (district de Rhode Island), laisserait l'impression que le niveau de la pratique musicale, au moins dans certaines loges, était fort élevé. L'ouvrage, de dimensions considérables, rassemble plus de cent cinquante textes qui, à la différence de la plupart des recueils européens, sont tous accompagnés de partitions gravées. On y trouve aussi bien des chansons que des pièces assez savantes à trois, quatre et même cinq voix, certaines avec accompagnement de pianoforte. Tous les grands classiques de la chanson de loge y figurent, mais aussi des pièces profanes « de bonne compagnie », des airs patriotiques antibritanniques (comme *Johnny Bull, prends garde à toi / Tiens-toi à distance*), des romances *(Quand Vénus nous appelle, il convient d'obéir)* ou des *catches* humoristiques, comme *Bailler, éternuer, pleurer et rire,* dont le texte de chacune des quatre voix reproduit, en onomatopées, le bruit de ces états de l'âme et du corps.

Non sans quelque amusement, on constatera que l'ouvrage comporte en annexe, un siècle après celle des premières *Constitutions* d'Anderson, une nouvelle histoire mythique de la franc-maçonnerie. On y apprend notamment que le premier franc-maçon fut... « Adam, qui, après avoir été chassé du paradis pour avoir désobéi à son Créateur, tenait fréquemment Loge avec ses fils, afin d'imaginer et d'inventer des perfectionnements de l'Architecture et de la Géométrie susceptibles d'améliorer leur confort et leur bonheur en ce monde. »

X

Allons, enfants de la Patrie !

C'est au cours de ses années d'étude à l'École d'application du génie de Mézières, entre 1782 et 1784, que Claude-Joseph Rouget de L'Isle fut reçu franc-maçon dans la loge Les Amis discrets. À la veille de la Révolution, la société recrutait fortement dans l'armée comme, du reste, dans les autres corps de l'État. Cependant, de même que Rouget de L'Isle, tous les officiers n'appartenaient pas nécessairement à des loges militaires. Inversement, il n'était pas rare que des civils (en particulier des musiciens) appartinssent à ces dernières.

On sait bien peu de choses sur la carrière maçonnique de Rouget de L'Isle. On notera cependant qu'à Strasbourg, où il fut affecté le 1er mai 1791, l'entourage de Rouget de L'Isle comptait beaucoup de francs-maçons, notamment le général Victor de Broglie, son aide de camp Louis-Charles Dessaix de Veygoux, le maire de Strasbourg, Dietrich, qui incita le jeune officier à écrire son chant pour l'armée du Rhin, Ignace Pleyel, alors maître de chapelle de la cathédrale et un cousin de Rouget de L'Isle, le capitaine Malet, dont une conspiration malheureuse contre Napoléon laissera le nom à la postérité. À vrai dire, on les trouve plus souvent réunis à la table de Dietrich qu'en loge. Les événements de 1789 avaient provoqué dans la franc-maçonnerie française une crise qui ne cessera de s'aggraver pendant la Révolution. Les nobles, nombreux sur les « colonnes », émigraient en masse, les opinions se divisaient et les tumultes de la rue n'encourageaient guère à la sérénité ni ne facilitaient l'application d'un règlement qui stipulait que toute discussion de nature politique ou religieuse était interdite en loge.

Rouget de L'Isle composa d'autres chants patriotiques dont l'un au moins, *La Marseillaise* mise à part, connut une grande popularité : *Roland à Roncevaux :*

> Mourir pour la Patrie
> C'est le sort le plus beau, le plus digne d'envie.

L'auteur du chant révolutionnaire le plus célèbre n'en était pas moins un modéré, un « monarchien », c'est-à-dire un partisan de la monarchie constitutionnelle. Emprisonné sous la Terreur, il ne dut son salut qu'au 9 Thermidor, plus heureux que son chef Victor de Broglie, son ami Dietrich ou un autre de ses parents, Bailly, maire de Paris et probablement franc-maçon lui aussi, tous guillotinés.

Exemplaire à bien des égards, la situation de Rouget de L'Isle pendant la Révolution présente cependant une différence capitale par rapport à celle des autres musiciens francs-maçons. Rouget de L'Isle, mélodiste doué, mais compositeur amateur, ne se trouvait pas contraint d'affirmer comme Gossec à cette époque : « C'est le public qui nous nourrit, c'est donc pour le public qu'il faut travailler. » Or, la Révolution apportait, avec bien d'autres, des transformations profondes de la pratique musicale. Dès le mois de décembre 1789, les concerts de L'Olympique de la parfaite estime s'interrompirent et la dernière séance du Concert Spirituel, dirigée par le violoniste Isidore Bertheaume (membre de diverses loges), eut lieu le 13 mai 1790[1]. On notera en passant que, depuis le 14 juillet 1789, aucune musique de

1. Il y eut, jusqu'en 1791, quelques « concerts spirituels » donnés, en particulier, au Palais-Royal ; mais ces manifestations, souvent d'ailleurs à l'initiative individuelle des musiciens de l'ancien Concert Spirituel, n'avaient rien de commun avec l'organisation de ce nom.

circonstance n'y avait été introduite — à moins d'interpréter comme une allusion aux événements la présence d'un *Domine salvum fac regem* du frère Philidor, au programme du 15 août 1789 et d'une autre pièce du frère Giroust sur le même texte liturgique, à celui du 11 avril 1790.

En revanche, l'abolition du privilège qui réservait à un petit nombre de salles le droit exclusif de donner des concerts ou des représentations musicales provoqua une extraordinaire floraison de la création lyrique : en 1790, 76 opéras, opéras-comiques, vaudevilles, etc. (dont 13 de compositeurs francs-maçons) furent donnés à Paris. Ce nombre baissa l'année suivante, de manière compréhensible, mais pour se stabiliser à un niveau élevé, que la Terreur elle-même n'affecta pas : 59 en 1791 (dont 18 de compositeurs francs-maçons), 51 en 1792 (dont 14), 53 en 1793 (dont 13), 54 en 1794 (dont 13). Rouget de L'Isle figure du reste dans cette liste, mais au titre de librettiste, pour *Bayard dans Brescia*, musique du frère Champein. On ne sera pas surpris, cependant, de la proportion croissante des œuvres à caractère patriotique ou de propagande : plus de la moitié en 1794.

Car la Révolution avait découvert le pouvoir surprenant de la musique sur l'âme des citoyens. Comme le déclara à la tribune le conventionnel Dubouchet, le 26 nivôse an II (15 janvier 1794) :

> Rien n'est plus propre que des hymnes et des chansons à électriser les âmes républicaines. J'ai été témoin de l'effet prodigieux qu'elles produisent, lors de ma mission dans les départements. Nous terminions toujours les séances des corps constitués et des sociétés populaires par des hymnes, et l'enthousiasme des membres et des spectateurs en était la suite immanquable.

La Révolution française fit donc une consommation énorme de musique de toute sorte : quelque deux cents odes, cantates ou hymnes, trois mille chansons et d'innombrables marches ou symphonies « militaires ». On puisa certes dans le répertoire du passé récent; ainsi, pour en rester aux

ŒUVRES DE MUSICIENS FRANCS-MAÇONS COMPOSÉES POUR LES FÊTES DE LA RÉVOLUTION

Compositeur	Loge	Nombre d'œuvres	Dont
ADRIEN l'aîné	*L'Olympique de la parfaite estime*	4	Hymne à l'Être suprême Aux martyrs de liberté
Jacques-Marie BEAUVARLET-CHARPENTIER	*Le Point parfait*	15	Pétition d'une jeune infortunée Hymne à la tolérance
Henri BERTON	*La Trinité*	6	Strophe sur le dévouement des citoyens de la 1re réquisition Les Rigueurs du cloître
Frédéric BLASIUS	*Saint-Jean de Palestine*	1	Ouverture pour instruments à vent
Adrien BOIELDIEU	plus tard *Palestine* (Saint-Pétersbourg)	2	Couplets sur la paix Chant pour la fête de la Raison
Giuseppe-Maria CAMBINI	*L'Olympique de la parfaite estime*	17	Hymne à l'Être suprême Hymne à la Vertu
Stanislas CHAMPEIN	*La Réunion des arts*	2	Hymne à Dieu Couplets patriotiques
Luigi CHERUBINI	*Saint-Jean de Palestine*	11	Le Salpêtre républicain Hymne à la fraternité

Compositeur	*Loge*	*Nombre d'œuvres*	*Dont*
Michel Corrette	appartenance incertaine	2	Chaconne du Tiers État Ariette patriotique
Nicolas Dalayrac	*Les Neuf Sœurs*	8	Ode à l'Être suprême Les Canons ou Réponse au salpêtre
François Devienne	*L'Olympique de la parfaite estime*	9	Hymne à l'Éternel La Raison des sages
Antoine Froment	*La Réunion des arts*	1	Scènes lyriques pour la fête de la Vieillesse
Dominique Pierre Jean Garat	*L'Olympique de la parfaite estime*	2	La Complainte du troubadour Couplets... pour l'anniversaire du retour de Bonaparte
Pierre Gaveaux	plus tard *L'Age d'or*	6	Hymne à l'Éternel Le Réveil du peuple
François Giroust	*Le Patriotisme* (à la cour de Versailles)	27	Cantate à l'Éternel J'ai tout perdu et je m'en f...

Compositeur	*Loge*	*Nombre d'œuvres*	*Dont*
François-Joseph GOSSEC	*La Réunion des arts*	44	Marche lugubre Serment civique Chant religieux pour la destruction de l'athéisme Hymnes à l'Être suprême (2) Hymnes à la liberté (3)
Joseph GUICHARD	*Les Amis réunis*	3	Hymne à la liberté
Rodolphe KREUTZER	*La Concorde* (à la cour de Versailles)	2	Le siège de Lille La Hollande conquise
Jean-Nicolas LE FROID DE MÉREAUX	*L'Olympique de la parfaite estime*	4	Hymne à l'Être suprême Cantique pour le service extraordinaire des protestants
MARTINI « l'Allemand » (Schwartzendorf, dit)	*Les Amis réunis*	4	Hymne à l'Agriculture Hymne à la République
Nicolas MÉHUL	*L'Olympique de la parfaite estime*	18	Le Chant du départ Le Chant du retour Hymne à l'Être suprême (3) Hymne à la paix (2)
François Gilbert MURGEON	*Le Patriotisme* (à la cour de Versailles)	1	Hymne funèbre aux mânes de Le Peletier et Marat

Compositeur	*Loge*	*Nombre d'œuvres*	*Dont*
Guillaume NAVOIGILLE	*L'Olympique de la parfaite estime*	6	Stances à l'Éternel Te deum républicain
Étienne OZY	*Sainte-Cécile*	2	Pas de manœuvre (2)
Niccolò PICCINNI	*Les Neuf Sœurs*	1	Hymne à l'hymen pour la célébration des mariages
Johann Wenzel STICH, dit PUNTO	*Les Neuf Sœurs*	1	Hymne à la liberté
Nicolas PLEYEL	*La Roue d'or* (Hongrie)	3	Hymne à la liberté La prise de Toulon
Henri-Joseph RIGEL (père)	*L'Accord parfait sous Diane*	2	Hymne à la liberté Hymne sur l'enfance
Anton ou Henri-Jean RIGEL (fils)	*L'Accord parfait sous Diane*	1	Ode contre les émigrés
Claude-Joseph ROUGET DE L'ISLE	*Les Frères discrets* (Charleville)	7	Hymne à la Raison Le Chant des vengeances
Nicolas ROZE	*Saint-Jean d'Écosse du contrat social*	1	L'Impôt en nature
Jacques WIEDERKER	*L'Olympique de la parfaite estime*	3	Les Mannequins d'Autriche Ode sur l'enfance.

musiciens francs-maçons, joua-t-on souvent l'ouverture d'*Œdipe à Colone* de Sacchini, mort en 1786, mais considéré (du reste à tort) comme une victime de l'ingratitude de Marie-Antoinette ; ainsi Philidor, retenu à Londres, fut-il représenté par un chœur prémonitoire de son opéra *Ernelinde :* « Jurez de punir les tyrans. » Ainsi, comme on l'a déjà noté, le frère Gossec reprit-il au frère Dalayrac une romance de l'opéra *Renaud d'Ast* pour en faire le viril *Veillons au salut de l'empire* (Napoléon gardera l'hymne en mettant, au dernier mot, un E majuscule). Ainsi accommoda-t-on sur les vieux timbres populaires le texte des innombrables chansons de rues.

Mais, pour leur plus grande partie, les « grandes musiques » exécutées lors des fêtes et des cérémonies de la Révolution étaient des œuvres originales, souvent ambitieuses par leur ampleur, leur orchestration et la taille des effectifs impliqués. Dans ce répertoire, les musiciens francs-maçons prirent une part considérable, sinon prépondérante, comme la liste donnée p. 140-143 permet de le constater : plus de deux cents œuvres, dont la presque totalité de celles qui nous semblent aujourd'hui garder un intérêt musical, de la *Marche lugubre* de Gossec à l'*Hymne funèbre sur la mort du général Hoche* de Cherubini et du *Chant du départ*... à la *Marseillaise*.

On serait tenté, dans ces conditions, de reprendre pour le domaine musical la fable du « complot maçonnique » répandue par l'abbé Barruel. Les choses sont, on s'en doute, infiniment plus nuancées. Tout d'abord, les musiciens professionnels appartenaient au Tiers État et à la bourgeoisie conquérante du pouvoir. Ils avaient d'autant moins de raisons d'émigrer (comme le firent les nobles francs-maçons) que les événements leur apportaient des publics nouveaux et immenses, des commandes incessantes, des sources d'inspiration renouvelées, voire des institutions qui assuraient leur statut. Tel fut le cas de l'École de musique de la garde nationale (qui devint, en 1795, le Conservatoire) ou du Magasin de musique, sorte de coopérative d'édition dont le gouvernement assurait les débouchés. Seul Viotti, compromis dans des « affaires » avec Léonard, le perruquier de la reine, jugea bon de fuir en Angleterre. Pour le reste, on se rappellera la phrase de Gossec citée plus haut. Au total, l'état de musicien fut sans doute le plus épargné, même pendant la Terreur.

Cela ne signifiait pas pour autant que les compositeurs francs-maçons (mais il n'y avait plus de franc-maçonnerie) accordassent toujours leurs sentiments intimes aux paroles qu'ils mettaient en musique. Nous avons vu ceux de Rouget de L'Isle. Cherubini demeurait catholique et monarchiste. Gaveaux sera bientôt l'auteur du *Réveil du peuple*, chant de guerre antijacobin. Pour les autres, à l'instar des politiques, des magistrats, des fonctionnaires et des hommes de lettres, ils servirent avec le même enthousiasme Napoléon Ier qui couvrira d'honneurs la franc-maçonnerie pour mieux la neutraliser, puis Sa Majesté le roi Louis XVIII, dont le Premier ministre était le duc Decazes, Souverain Grand Commandeur du Suprême Conseil de France — la position la plus exaltée de la société.

Certes, trois des cinq inspecteurs et la moitié des professeurs du nouveau Conservatoire avaient appartenu aux loges. Mais non pas Sarrette, le directeur, et l'institution ne devint jamais un centre de culture musicale maçonnique. Et, il n'y eut plus rien, pendant la Révolution, qui ressemblât à des institutions musicales plus ou moins ouvertement maçonniques comme le Concert Spirituel ou la Société olympique. Il ne s'agissait pas d'une crise passagère. La Révolution terminée, on s'efforça parfois de les ressusciter. On en créa même de nouvelles, comme le Cercle de l'harmonie, en 1797, où dirigeait le chevalier de Saint-George. Mais aucune ne dura très longtemps et du reste la franc-maçonnerie, affaiblie, n'y jouait plus qu'un rôle secondaire.

En fait, les bouleversements politiques, économiques et sociaux, l'évolution du métier de musicien avaient fait disparaître les conditions très particulières qui permettaient à la franc-maçonnerie française de jouer, en tant qu'institution, un rôle considérable dans la pratique musicale. Il y aura toujours des musiciens francs-maçons, et de grands, mais cet engagement demeurera, la plupart du temps, individuel et univoque. Quant à la franc-maçonnerie elle-même, qui s'était jusqu'alors contentée de constituer une société d'hommes de bonne compagnie, plus ou moins œcuménique et vouée « à la gloire de Dieu et à l'amour des frères », les préoccupations de l'en dehors et de l'au-delà la détourneront bien souvent des plaisirs de l'harmonie — à tous les sens que peut prendre ce terme.

XI

L'âme romantique

C'est sans encombre, comme on l'a noté, que les musiciens francs-maçons qui avaient fait les belles heures de l'Ancien Régime, puis de la Révolution, traversèrent les années difficiles. Seuls deux d'entre eux, Rouget de L'Isle et le chevalier de Saint-George, furent incarcérés pendant la Terreur et échappèrent de peu à la guillotine — encore s'agissait-il, pour le second, d'une sombre affaire de chevaux détournés au régiment des hussards d'Amérique. Le doyen, François Giroust, mourut le 28 août 1799, devenu gardien d'un château de Versailles déserté où, une décennie à peine plus tôt, il dirigeait encore la Musique du roi. Dalayrac, nommé quelques mois avant sa mort, en 1809, chevalier de la Légion d'honneur, fréquentait à nouveau sa loge des Neuf Sœurs, « réveillée » en 1805. Méhul poursuivit sa brillante carrière jusqu'à sa mort prématurée en 1817. Boieldieu, initié en 1805 à Saint-Pétersbourg, composa plusieurs hymnes maçonniques, notamment *Le preux chevalier* (1810), dont l'accompagnement — clarinettes, bassons et cors — fait naturellement penser aux Loges militaires napoléoniennes. Le parcours le plus long et le plus significatif fut sans doute cependant celui de son grand ami, Cherubini. Né sous

Louis XV et mort six ans seulement avant la révolution de 1848, il avait été un peu boudé par Napoléon qui trouvait sa musique trop difficile, mais son œuvre religieuse et son travail acharné comme directeur du Conservatoire lui valurent la juste considération des Bourbons et de Louis-Philippe.

On ignore si Cherubini poursuivit ses activités maçonniques sous l'Empire, la Restauration et la monarchie de Juillet. Dans l'affirmative, il put mesurer l'évolution subie par la Société en France et en Europe. Bonaparte, témoin du réveil progressif des loges après Thermidor, avait fort bien compris les dangers, et aussi les avantages que la franc-maçonnerie présentait pour lui : un milieu fermé, coopté, lié par la loi du silence, mais qui, en l'absence des émigrés, rassemblait désormais en majorité les hommes dont il avait le plus besoin, partisans du juste milieu, propriétaires, honnêtes bourgeois et bons fonctionnaires. Aussi fit-il de la franc-maçonnerie, sinon un instrument, du moins une caisse de résonance de sa gloire. S'il n'est pas prouvé qu'il y adhéra lui-même, il incita ses frères, ses proches, les dignitaires civils et militaires à se faire recevoir dans la Société. Il ne songea jamais, en revanche, à lui donner la tâche d'encourager les arts, la musique moins que tout autre. Du reste, on sait que les goûts de Napoléon Bonaparte le portaient presque exclusivement vers l'opéra italien — genre fort peu praticable par les loges. Aussi, ce que nous savons de l'activité musicale de ces dernières est-il assez consternant. L'illustre loge des Neuf Sœurs ne comptait plus guère que deux musiciens (contre une vingtaine en 1778) et, lors de la grande séance artistique qu'elle tint le 20 janvier 1808, la partie musicale se limitait à une cantate de l'abbé Roze sur des paroles de Parny et à l'exécution de l'air à la mode « Où peut-on être mieux qu'au sein de sa famille ? », extrait de l'opéra-comique *Lucile* (1769 !) de Grétry — qui n'était même pas franc-maçon. Certes, le *Guide du voyageur en France* pour 1810 de Reichard, qui indique les loges de chaque ville, signale-t-il Les Amis de la gloire et de l'harmonie de Montpellier, « composée d'hommes de lettres et d'amateurs de la musique ». Mais c'est la seule à mériter cette annotation et rien ne prouve qu'on y échappait aux habituelles chansonnettes maçonniques de la farine de celle qu'on donna, sous les auspices du Grand Orient de France, lors de la fête de la Paix du 10 avril 1801 :

> Ah ! pour couronner cette fête
> Buvons à ce jeune guerrier
> Dont les lauriers ceignent la tête
> Dont la main porte l'olivier
> Le titre de Maçon peut-être
> Ne l'unit pas avec nous... Mais
> Qui mériterait mieux de l'être
> Qu'un vainqueur ami de la Paix.

À la chute de l'Empire, les loges françaises ne retrouvèrent pas pour autant une véritable activité musicale. Le Concordat signé par Bonaparte avait rendu applicables en France les excommunications fulminées par Clément XII et renouvelées par les bulles *Providas* de Benoît XIV (1751), *Ecclesiam* de Pie VII (1821) et *Quo graviora* de Léon XII (1825). Il n'y avait plus de prêtres dans les loges et la noblesse, retour d'émigration, s'en détournait, effrayée par les pseudo-révélations de l'abbé Barruel. La franc-maçonnerie française, tolérée par les Bourbons et souvent nostalgique de la légende impériale (les officiers, maintenant en demi-solde, y étaient nombreux), s'intéressa de plus en plus aux problèmes politiques et sociaux. Comme le résume fort bien Pierre Chevallier dans son *Histoire de la franc-maçonnerie en France :* « Veut-on s'associer au-dessus de vingt personnes, veut-on disposer d'une tribune où pouvoir s'exercer à la parole, il ne reste plus au citoyen français que la ressource de devenir franc-maçon. Par la force des choses et en vertu d'une législation draconienne, la maçonnerie jouera à partir de 1815 le rôle des clubs et des sociétés de pensée sous le règne de Louis XV. » On peut se demander enfin si Saint-Simon, qui avait appartenu à la loge L'Olympique de la parfaite estime et à sa société musicale (et par la suite le père Enfantin, peut-être franc-maçon lui aussi) n'avait pas « récupéré », au profit de son mouvement, les ambitions musicales de la franc-maçonnerie d'autrefois. Les œuvres d'esprit humanitaire que Félicien David composera pour l'ordre saint-simonien ressemblent étrangement par la forme, sinon par le fond, aux cantiques maçonniques du XVIIIe siècle. Avant lui, le frère Rouget de l'Isle avait écrit pour Saint-Simon, en 1821, les paroles et la musique d'un *Chant des industriels* (comprenez des travailleurs de l'industrie) aux accents révélateurs. Il est certain, en tout cas, que la plupart des loges françaises du XIXe siècle ne l'eussent pas désavoué :

> Honneur à nous, enfants de l'industrie
> Honneur, honneur à nos heureux travaux
> Dans tous les arts, vainqueurs de nos rivaux
> Soyons l'espoir, l'honneur de la patrie
> . . . .
> Laissons dans sa lâche mollesse
> Le Sybarite végéter
> Laissons le noble nous vanter
> Ce qu'il appelle sa noblesse
> Amis ! Les vrais nobles c'est nous
> C'est nous de qui la vie active
> Produit et conserve et cultive
> Dévouée au bonheur de tous.

À l'inverse, mais en même temps, l'âme romantique cherchait dans la franc-maçonnerie l'équivalent des émotions et du mystère qu'elle trouvait dans la lecture d'Ossian et des légendes orientales. Il s'agissait moins, comme ce fut parfois le cas au XVIIIe siècle, de mystique ou de théophanie que d'une poursuite débridée des correspondances entre symbolismes de toute origine. Tandis que les rituels traditionnels se chargeaient d'éléments complexes, apparaissaient de nouveaux systèmes inspirés de l'Orient, comme celui de Memphis (1815) — qui ne comporte pas moins de 90 grades... — ou celui de Misraïm, lancé à la même époque par les frères Bédarride et qui reprenait des éléments de l'éphémère « Rite

Égyptien » du fameux Cagliostro. C'est à cette époque que Ragon de Bettignies[1] publie son *Cours philosophique et interprétatif des initiations anciennes et modernes* qui nourrissent encore aujourd'hui les rêves des babylomanes et des égyptolâtres. S'en étonnera-t-on ? C'est aussi à cette époque que Mozart triomphe à Paris avec... *Les Mystères d'Isis*, version de *La Flûte enchantée* revue, corrigée et « enrichie » par d'honorables (?) théâtreux francs-maçons.

Les loges, même si l'on y entremêlait à l'occasion les cérémonies d'airs souvent empruntés au répertoire de la romance ou à la scène lyrique, n'ambitionnaient plus d'intervenir dans la création ou dans la production musicale. La seule qui s'efforça de maintenir, vaille que vaille, la tradition du XVIIIe siècle fut celle des Frères unis inséparables qui rassemblait beaucoup de professeurs, notamment du Conservatoire. On y trouvait ainsi Hyacinthe Klosé (1808-1880), l'un des pères de la clarinette moderne. La loge avait été fondée par Henri-Joseph Taskin (1779-1852), professeur, compositeur et éditeur de musique, de la lignée des grands facteurs de clavecin. L'œuvre de Taskin, peu connue (ses trois opéras sont restés inédits) comporte de nombreuses pièces maçonniques, notamment des cantates pour diverses occasions. Le pédagogue Jean-Georges Kastner (1810-1867) appartenait également, sinon à la loge, du moins au « Conseil philosophique » (aréopage des titulaires du 30e grade) des Frères unis inséparables. Ce musicologue extrêmement estimable a laissé, outre des traités théoriques souvent innovateurs, de nombreuses œuvres de tout genre qui méritent mieux que l'oubli.

Malgré les efforts des membres des Frères unis inséparables, leur activité musicale finit par se limiter à un seul concert annuel. De toute façon, si la franc-maçonnerie française ne se préoccupait guère de musique, la musique n'avait plus guère besoin de la franc-maçonnerie. En dehors

1. *Cf.* p. 115.

du théâtre lyrique et des « récitals » de solistes (le mot, sinon la chose, fut inventé par Liszt), François Habeneck, après avoir brillé aux Concerts Français créa, en 1828, la Société des concerts du Conservatoire dont l'audience fut considérable et qui fit connaître, entre autres, l'œuvre symphonique de Beethoven en France. Cet exemple ne manqua pas d'être suivi par les Concerts historiques de Fétis, les Concerts Valentino, la Société philharmonique de Berlioz, puis par les associations, toujours vivantes, fondées par Jules Pasdeloup, Édouard Colonne et Charles Lamoureux. Pas un seul de ces chefs d'orchestre n'était franc-maçon.

Par voie de conséquence, les musiciens français de quelque renom perdirent désormais le chemin des loges. Il en fut de même, du reste, des célébrités des autres arts et aucun grand écrivain n'imita l'exemple de Stendhal, devenu franc-maçon — en 1807 et pour peu de temps — sur les incitations de son protecteur, le comte Daru et, à l'évidence, dans le but de faciliter sa carrière administrative. Deux compositeurs lyriques majeurs du XIXe siècle appartinrent cependant à la franc-maçonnerie française bien que l'un et l'autre, d'origine étrangère, n'eussent travaillé à Paris que par intervalles : Gaspare Spontini (1774-1851) et Giacomo Meyerbeer (1791-1864).

Spontini, qui se fixa à Paris de 1803 à 1820, fut reçu apprenti franc-maçon à la loge L'Âge d'or en 1804, mais on ignore la suite de sa carrière maçonnique, s'il y en eut une. Celle de Meyerbeer est mieux connue. Membre de la loge Les Sept Écossais réunis en 1842, il appartenait peut-être à la franc-maçonnerie allemande depuis plus longtemps car on le retrouve, douze ans seulement plus tard, titulaire du grade de Souverain Grand Inspecteur Général, 33e et suprême grade du rite écossais ancien et accepté. Son activité maçonnique semble avoir été assez importante, puisqu'il appartenait à deux autres loges, Reconnaissance par les émules d'Hiram et Les Trinosophes. La loge musicale Les Amis inséparables, dont il ne faisait pas partie, le nomma toutefois, à la fin de sa vie, « membre d'honneur ». On ne trouve pas de référence maçonnique dans *Robert le Diable*, *Les Huguenots* ou *Le Prophète*, mais Meyerbeer (ancien élève de Zelter) travaillait au moment de sa mort à un projet qui comportait peut-être des connotations maçonniques : un grand poème pour orchestre, solistes et chœurs, intitulé *La Jeunesse de Goethe*.

Paradoxalement, au siècle romantique, l'œuvre musicale française la plus imprégnée par la franc-maçonnerie, l'opéra *La Reine de Saba*, fut écrite par le compositeur à qui l'on s'attendrait le moins : Charles Gounod. Faut-il le préciser, Gounod, qui songea très sérieusement à devenir prêtre et qui signait ses lettres « l'abbé Gounod », ne fut jamais franc-maçon et n'eut jamais le moindre contact avec la société. L'histoire de cette œuvre est pour le moins curieuse. En 1851, Gérard de Nerval publiait, dans son *Voyage en Orient*, « Les nuits du Ramazan » où l'on trouve décrite, avec exactitude et force détails, la légende d'Adoniram, constructeur mythique du temple de Salomon, qui constitue la base traditionnelle, sinon le rituel du grade de maître maçon. L'idée remontait en fait à une quinzaine d'années auparavant, quand Nerval, pour aider à la carrière de la cantatrice Jenny Colon, son archétype de l'immortelle aimée, avait imaginé d'écrire un opéra sur ce thème. Il en décrivit lui-même le but et la génèse dans les *Petits Châteaux de Bohême :*

> La reine de Saba, c'était bien elle, en effet, qui me préoccupait alors — et doublement [...] Qu'elle était belle ! Non plus belle cependant qu'une autre reine du matin dont l'image tourmentait mes journées.
>
> La question était de la faire débuter à l'Opéra. Le triomphe de Meyerbeer devenait le garant d'un nouveau succès. J'osai en entreprendre le poème. [...] J'avais écrit, avec tout le feu de ma jeunesse, un scénario compliqué qui parut faire plaisir à Meyerbeer. J'emportai avec effusion l'espérance qu'il me donnait ; seulement, un autre opéra *Les Frères corses* lui était déjà destiné par Dumas et le mien n'avait qu'un avenir assez lointain. J'en avais écrit un acte lorsque le traité fait entre le grand poète et le compositeur

se trouve rompu, je ne sais pourquoi. — Dumas partait pour son voyage de la Méditerranée, Meyerbeer avait déjà repris la route de l'Allemagne. La pauvre *Reine de Saba*, abandonnée de tous, est devenue depuis un simple conte oriental...

L'appartenance de Gérard de Nerval à la franc-maçonnerie a fait l'objet de maintes controverses. Ses liens avec des francs-maçons notoires (le docteur Blanche, entre autres), ses affinités avec les poètes francs-maçons allemands (Goethe, Herder, Heine, etc.) sont indiscutables, comme son intérêt pour ce tout ce qui touchait aux mystères de la société. Le choix de Meyerbeer, maçon de « haut grade », semble également révélateur. Mais, si le père de Gérard de Nerval, le Dr Labrunie, appartenait à la loge Les Enfants de Mars, le nom du poète n'a été retrouvé sur aucun état de loge, française ou étrangère, ni comme membre, ni comme visiteur. En tout état de cause, Nerval disposait, pour se documenter, des innombrables divulgations publiées depuis plus d'un siècle.

Il reste que *La Reine de Saba* ne fut pas abandonnée de tous. Quelques années après la mort du poète (1855), les librettistes Auguste Barbier et Michel Carré [1], auteurs de tant d'opéras célèbres, reprenaient sinon le scénario, du moins le conte de Nerval. Mis en musique par Gounod, l'opéra, créé le 28 février 1862, dut causer quelques sueurs froides aux spectateurs francs-maçons attachés à leurs secrets... Quoi qu'il en soit, *La Reine de Saba* ne plut pas et il fallut la retirer de l'affiche après une quinzaine de représentations. L'œuvre connut un sort analogue à Londres, trois ans plus tard, bien que le librettiste britannique Henry Farnie eut pris soin (était-ce pour ne pas choquer les frères anglais ?) de rhabiller

---

1. Ils n'étaient francs-maçons ni l'un ni l'autre et l'on ne confondra pas Michel Carré (1819-1872) avec son neveu, Albert Carré (1852-1938), lui aussi librettiste, directeur de l'Opéra-Comique, membre de la loge Alsace-Lorraine.

l'œuvre en changeant le nom des personnages et en lui donnant le titre d'*Irene*. Gounod s'était pourtant fort attaché à son opéra « maçonnique ». Peu de temps après cet échec, à Baden, il confia à un critique allemand qu'il avait entrepris de voyager pour se consoler d'un deuil familial. « J'ai perdu, lui dit-il, une femme que j'aimais profondément : la reine de Saba... »

Si Gérard de Nerval dit vrai en ce qui concerne la promesse de collaboration de Meyerbeer, on peut rêver à ce que *La Reine de Saba* fût devenue. Et l'on signalera enfin que Karl Goldmark (1830-1915), compositeur franc-maçon que l'on retrouvera un peu plus loin, représenta à Vienne en 1875, avec un très grand succès, une *Königin von Saba*, sur un livret de Mosenthal dont nous n'avons pu, malheureusement, nous procurer le texte.

*

Dans la plupart des pays du continent européen, les bouleversements apportés par la Révolution et les guerres de l'Empire avaient affecté profondément la franc-maçonnerie et, partant, sa vocation de protectrice des arts et de la musique. En Autriche, on l'a vu, le sort de la société avait été tranché à l'avènement de François II. La franc-maçonnerie, formellement interdite à partir de 1797, fut contrainte de se mettre en sommeil dès 1794 en raison des tracasseries, des poursuites et des campagnes de calomnie dont elle faisait l'objet. On l'accusa par exemple de l'assassinat de l'Empereur Joseph II, qui était mort subitement et, en 1795, un pamphlet intitulé *Histoire secrète du système de conspiration jacobine en Autriche*, publié à l'instigation du gouvernement, dénonçait *La Flûte enchantée* comme glorification allégorique de la Révolution française... Toutefois, en 1866, lorsque la Hongrie obtint l'égalité des droits avec l'Autriche, les loges maçonniques purent commencer à s'y reconstituer. C'est dans l'une de ces loges que fut reçu Karl Goldmark, évoqué plus haut à propos de sa *Königin von Saba*. Ce très estimable compositeur de musique lyrique, vocale et de chambre ne semble pas avoir écrit de partition destinée aux loges. On notera cependant que l'une de ses œuvres les plus remarquables, la grande ouverture *Sakuntala,* s'inspire d'un épisode du *Mahabarata* qui présente d'étranges analogies avec l'intrigue de *La Flûte enchantée.* On y trouve un anneau magique, une jeune fille élevée par un prêtre dans un « bois de pénitence », d'effrayantes épreuves à surmonter pour l'héroïne et le jeune homme qui la recherche, avant que l'amour ne couronne leurs efforts conjugués. Enfin, le gouvernement autrichien toléra la création à Presbourg de deux *Grenzlogen,* ou loges frontalières. C'est dans l'une d'elles, portant le titre de Socrate, que fut reçu le pianiste et compositeur viennois Ignaz Brüll (1846-1907), ami intime de Brahms et auteur, entre autres, d'un opéra, *La Croix d'or,* qui connut un certain succès à Berlin et à Londres.

L'hostilité du gouvernement à la franc-maçonnerie ne se développa en Russie qu'après les guerres napoléoniennes. Les loges y avaient connu un certain développement et recruté quelques musiciens, notamment parmi les étrangers qui exerçaient à l'Opéra et à la Cour. En dehors de Boieldieu, on y trouvait Friedrich Scholz (1787-1830), chef d'orchestre du théâtre impérial de Moscou, compositeur de petits opéras et de ballets ; il préconisa le premier la fondation d'un conservatoire de musique à Moscou et, sur le refus des autorités (!), créa à son propre domicile une école de musique gratuite. L'éminent musicologue autrichien Georg Kiesewetter (1773-1850) appartenait à L'Étoile flamboyante de Saint-Pétersbourg ; Friedrich Besser, première flûte de la Chapelle impériale, à Pierre à la Vérité, tout comme le ténor Johann Haltenfof, tandis que le hautboïste Johann Andreas Haberzelter (1753-1823), fondateur en 1802 de la Société philharmonique de Saint-Pétersbourg (la première société de concerts russe) relevait d'une loge dénommée Alexandre de la bienfaisance au pélican couronné. Parmi les francs-maçons russes, enfin, on relève deux noms célèbres. Le premier est celui de Glinka, mais il s'agit de Fédor Glinka (1786-1880), auteur d'un hymne maçonnique, et nous ignorons sa parenté éventuelle avec son célèbre homonyme Mikhaïl Ivanovitch; les états des loges comportent d'autre part plusieurs Rimsky-Korsakov, parmi lesquels Andrej Petrovitch, père du grand musicien et haut dignitaire de l'Ordre. L'eût-il souhaité, le compositeur de *Schéhérazade*, né en 1844, n'aurait pu suivre l'exemple familial : le 12 août 1822, un ukase de l'empereur Alexandre Ier interdisait toute activité maçonnique en Russie. Les loges n'eurent guère le temps de se reconstituer à la chute du tsarisme : « La franc-maçonnerie constitue une escroquerie infâme et malhonnête tentée contre le prolétariat par la partie la plus avancée des classes moyennes. Nous considérons comme notre devoir de nous y oppposer de la manière la plus énergique », déclara le IVe congrès du parti communiste.

Dans la partie de la Pologne placée sous l'autorité russe, les loges, moins heureuses que celles des provinces dévolues à la Prusse, subirent le même sort. Avant l'ukase de 1822, la franc-maçonnerie polonaise, en plein développement, avait manifesté un très grand intérêt pour la culture en général et la musique en particulier. Elle encouragea la création à Varsovie, en 1814, de la Société de musique religieuse et nationale qui commença à essaimer un peu partout dans le pays. Les principaux promoteurs de cette initiative, Karol Kurpinski (1785-1857) et Joseph Elsner (1769-1854), les plus célèbres musiciens polonais de l'époque, appartenaient à la loge Le Bouclier du Nord. Kurpinsky, également professeur et chef d'orchestre, écrivit surtout pour la scène. Les ouvertures et certains airs de la trentaine d'opéras, opérettes et mélodrames qu'il composa demeurent aujourd'hui très populaires en Pologne. Il en est de même de Joseph Elsner, plus attaché encore à la recherche d'un style national : dès 1796, il n'utilisa plus que des textes polonais pour ses nombreuses œuvres lyriques ou vocales. Directeur pendant vingt-cinq ans de l'Opéra de Varsovie, il y fit connaître la musique de Mozart et composa l'hymne du Grand Orient de Pologne. Sans sous-estimer son action incessante ni son œuvre, trop peu connue en Occident, on peut se demander si l'histoire de la musique ne lui est pas avant tout redevable de l'enseignement et des encouragements qu'il prodigua à son élève préféré, Frédéric Chopin.

Dans les autres pays, la présence militaire de la France, voire l'annexion pure et simple à l'Empire, favorisa la fondation de loges ou la reconstitution de celles qui avaient été dispersées pendant la Révolution. Il en fut ainsi en Belgique où la ci-devant Grande Loge provinciale des Pays-Bas autrichiens comptait des musiciens d'une certaine notabilité comme Guillaume van Malder, les frères Prim ou Ignaz Vitzhumb, de la Chapelle royale — et l'on n'oubliera pas que le baron van Swieten, l'ami de Mozart et le librettiste de Haydn appartenait en 1783 à L'Union de Bruxelles. On y vit, par la suite, l'excellent violoncelliste Adrien-François Servais (1807-1866), surnommé le « Paganini du violoncelle », qui a laissé plusieurs œuvres intéressantes pour cet instrument, ainsi que le grand ténor François van Campenhout (1779-1848). Également compositeur fécond, on doit à ce dernier plusieurs opéras, de la musique instrumentale et religieuse et, surtout, *La Brabançonne* qui devint l'hymne national belge. C'est également à Bruxelles, dans la loge Les Vrais Amis de l'union et du progrès réunis que fut reçu franc-maçon Henry Litolff (1818-1891), compositeur et pianiste d'origine française, mais de carrière cosmopolite. De ce grand virtuose subsistent surtout les beaux « concertos symphoniques », admirés par Liszt qui s'inspira de leur technique et dédia à Litolff son 1er concerto pour piano et orchestre. Sans y jouer un rôle prédominant, Litolff avait donné son nom à la grande société d'édition musicale fondée en 1828 par Gottfried Martin Meyer, mari en premières noces de son épouse, qui continua de développer l'affaire.

La situation de la franc-maçonnerie italienne se présentait de manière très complexe, compte tenu de la multitude des États entre lesquels le territoire se partageait. Selon le lieu ou les humeurs du prince régnant, l'activité maçonnique se trouvait interdite, tolérée ou même favorisée. Ainsi, dans le royaume de Naples, les loges se multiplièrent sous Charles VII et l'on y chantait la gloire de la franc-maçonnerie sur des airs de *canzonette* napolitaines :

Su fratelli, allegramente
Qui passiam tranquille l'ore
Del felice ozio innocente
Di un' amica società
Regna ognor nel nostro cuore
Amicizia e fedeltà

Allons, frères allègrement
Passons ici des heures tranquilles
Dans le loisir heureux, innocent
D'une société d'amis
Règnent toujours dans notre cœur
L'amitié et la fidélité

En revanche, le successeur de Charles VII, Ferdinand IV ne laissa guère de paix aux loges. Au cours des décennies troublées qui suivirent, la franc-maçonnerie italienne connut des sorts divers. Les loges fleurirent avec la conquête napoléonienne, mais, dans ce pays où la musique constituait une véritable industrie nationale, elles recrutaient peu de musiciens. Il fallait souvent que les harmonies régimentaires prêtassent leur concours aux festivités maçonniques, telle celle du 20ᵉ régiment de ligne pour « l'allumage des feux » des Amis de l'honneur français de Porto Ferraio, donnée ici comme exemple à cause de son secrétaire, le frère Jean-Joseph Hugo que son illustre fils immortalisera sous les traits du « héros au sourire si doux »... La même année en 1805, on constitua à Milan un Grand Orient d'Italie et, à cette occasion, des pièces musicales furent exécutées sous la direction du frère Paganini. Contrairement à ce qu'on affirme parfois, il ne s'agissait pas de l'illustre violoniste mais d'Ercole Paganini, maître de chapelle à la cathédrale de

Novare et sans parenté avec Nicolò[1]. L'absence de grands musiciens dans la franc-maçonnerie italienne s'explique du reste facilement ; c'est à l'étranger que la plupart des professionnels de l'époque faisaient carrière et c'est sur les états des loges anglaises, françaises ou germaniques qu'on trouve Geminiani, Piccinni, Sacchini, Cambini, Cherubini, Viotti, Spontini et de grands chanteurs comme Felice Blangini (1781-1841) ou le baryton Enrico Delle Sedie (1822-1907), sans parler du castrat Crescentini, déjà rencontré et dont la gloire culmina sous l'Empire.

A la chute de Napoléon, la franc-maçonnerie italienne, favorisée dans le royaume de Sardaigne, interdite ou étroitement surveillée ailleurs, devint le point de rassemblement des partisans du Risorgimento ; elle compta dans ses rangs la plupart des célébrités de l'époque, hommes politiques ou écrivains comme Silvio Pellico, Alessandro Manzoni, Giuseppe Mazzini, Giacomo Leopardi, Ugo Foscolo, Massimo d'Azeglio, Giosuè Carducci et, bien sûr, Daniele Manin et Garibaldi... mais aucun musicien de quelque importance. Verdi, on le verra, n'y appartint pas plus que Rossini, Bellini, Donizetti, Mercadante, Ponchielli ni, du reste, que les compositeurs de la génération suivante. Le caractère extrêmement engagé de l'activité des loges qui ne laissait guère de place à la pratique des arts, les dangers présentés par les rapports, souvent étroits, de la franc-maçonnerie et de la charbonnerie (les musiciens sont, en général, gens prudents) expliquent sans doute cette abstention. Aussi bien, le seul professionnel qui acquit quelque notoriété, Pietro Maroncelli (1795-1846), le dut-il à son action politique. Cet ancien élève du Conservatoire de Naples, membre de la Colonne harmonique et de l'Académie philédonique, sociétés paramaçonniques, plus tard affilié à la loge Amalia Augusta de Brescia, également *carbonaro*, fut un agitateur permanent.

1. La preuve, qui se trouve dans la presse du temps, nous en a été aimablement fournie par Edward Neill, auteur de la grande biographie de Nicolo Paganini (Fayard, 1991).

Condamné à mort en 1820, gracié, il s'exila à New York.

En fait, de tous les pays du continent, c'est en Allemagne que les relations entre la franc-maçonnerie et les musiciens demeurèrent les plus sereines pendant le siècle romantique. Certes plus appréciée dans les États protestants que dans les catholiques, particulièrement puissante en Prusse où Frédéric le Grand symbolisait l'espoir de l'unité allemande, la franc-maçonnerie y comptait plus de 40 000 adhérents en 1879, ce qui la plaçait en tête des pays non anglo-saxons. L'un des compositeurs francs-maçons les plus connus est sans doute celui que l'on appelait « le Schubert du Nord », le grand compositeur de lieder et de ballades Carl Loewe (1796-1869). Élève de Türk, qu'on a rencontré plus haut, son talent de chanteur, mais aussi de compositeur, fut remarqué alors qu'il n'avait que douze ans par Jérôme Bonaparte, roi de Westphalie — et, aussi, Grand Maître de la franc-maçonnerie locale. Loewe fit plus tard la connaissance de deux autres frères célèbres, Goethe (dont il mettra de très nombreux textes en musique) et Hummel. Ces fréquentations furent peut-être à l'origine de la vocation maçonnique de Loewe quand il se fixa à Stettin en 1820 et où il appartint à la loge Zu den drei Zirkeln (« Aux trois cercles » ou « Aux trois compas »). On notera que Loewe ne jugea nullement son engagement maçonnique incompatible avec sa très vive foi catholique ni avec son poste d'organiste à la cathédrale. On connaît au moins huit chants maçonniques de Loewe, publiés en 1835 à Berlin dans le recueil *Melodien des neuen Freimaurer-Gesangbuches*. Il n'est pas impossible que d'autres lieder (notamment *Gottes ist der Orient*, sur un texte de Goethe) et une cantate pour voix d'hommes de 1854 aient eu une destination maçonnique. Ce genre de la cantate semble d'ailleurs avoir eu la faveur des francs-maçons allemands, très proches, quand ils n'en étaient pas les animateurs, des nombreuses sociétés chorales. On les exécutait en particulier au moment de la fête de la Saint-Jean, comme la *Cantate pour la Saint-Jean et l'anniversaire de la fondation de la Grande Loge Mère des États prussiens dénommée « Aux trois globes »* (1844), composée par Wenzel Gaebrich et August Neithardt (1793-1861), chef du chœur de la cathédrale de Berlin et de l'orchestre de la musique royale de Prusse, auteur, entre autres, de l'hymne national prussien. Il arrivait aussi que le concert fût donné au cours d'une fête familiale à laquelle les proches des membres de la loge étaient invités. Ainsi, le compositeur de *Singspiel* et d'opéras-comiques en vogue, Albert Lortzing (1801-1851) fit-il exécuter le 20 mars 1841 à Leipzig une *Cantate pour la fête profane de la loge Minerve aux trois palmiers*, sur un texte de Mothes. Lortzing semble avoir eu une activité maçonnique assez intense puisqu'il appartenait à deux autres loges, dont une, La Constance et la concorde à Aix-la-Chapelle, se trouvait à l'autre extrémité du pays.

On joindra à ces noms celui de Franz Abt (1819-1885), compositeur d'une extraordinaire prolixité : plus de 3 000 pièces, surtout vocales, parmi lesquelles, semble-t-il, certaines destinées à sa loge Karl à la colonne couronnée de Brunswick. On y ajoutera surtout l'un des plus grands musicologues et théoriciens de l'histoire de la musique, Hugo Riemann (1849-1919), membre de la loge Le Phoenix de Leipzig. Auteur d'une soixantaine d'ouvrages (parmi lesquels son *Grand Traité de composition* et son dictionnaire de musique), de plus de deux cents publications et de 68 opus de musique diverse, il s'efforça de retrouver « les lois communes à tous les âges qui gouvernent la perception et les formes de l'expression artistique ». Il fut également l'un des pionniers de la redécouverte de la musique ancienne.

Les loges allemandes, les seules en activité en Europe centrale et orientale, accueillirent enfin des musiciens originaires de pays où la franc-maçonnerie demeurait interdite. C'est ainsi que l'autrichien Johann-Nepomuk Hummel (1778-1837), l'un des plus grands pianistes de son temps, par ailleurs excellent compositeur, fut reçu franc-maçon en 1820 dans la fameuse loge Amalia aux trois roses de Weimar, celle-là même à laquelle Goethe appartenait. On lui doit au moins deux lieder maçonniques sur des poèmes de Goethe :

Lass fahren hin des Allzuflüchtige et *Einmal nur lass in unsern Leben.*

On n'a rien dit de la franc-maçonnerie britannique au XIXe siècle. Réunifiée en 1813, plus puissante que jamais, elle compta parmi ses Grands Maîtres le duc de Sussex, oncle de la reine Victoria, et le prince de Galles, le futur Édouard VII. Avec plus de 5 000 loges et de 500 000 membres, la présence de nombreux musiciens (organistes d'église et de cathédrale en particulier) y était assurée. Arthur Sullivan (1842-1900), auteur des fameux « Savoy operas » mais aussi de beaucoup d'œuvres « sérieuses », franc-maçon comme son librettiste William Gilbert, occupa la charge de Grand Organiste de la Grande Loge d'Angleterre. Appartinrent également à la société le meilleur compositeur britannique de sa génération, William Sterndale Bennett (1816-1875), directeur de la Philharmonic Society et de la Royal Academy of Music, ainsi que les organistes et compositeurs Tom Cooke (1782-1848) et John Liprot Hatton (1808-1886). L'activité musicale de la franc-maçonnerie britannique prenait souvent la forme de concerts de bienfaisance, suivant ainsi la tradition de ceux du Freemason's Hall au XVIIIe siècle. Dans les loges, cependant, la rigueur du rituel, restaurée grâce aux efforts de William Preston et consacrée lors de la réunification, excluait la musique vocale des tenues proprement dites. Le chansonnier maçonnique des agapes ne s'en enrichit pas moins de plusieurs classiques, en particulier du *Final toast*, paru pour la première fois en 1852 dans le recueil *The Masonic Vocal Manual* et dû, pour la musique, à un professeur de musique d'origine irlandaise, William Henry Hammerton.

Le texte, écrit par un officier de l'armée des Indes, David Lester Richardson, est extrêmement révélateur de l'esprit de la franc-maçonnerie britannique de l'ère victorienne :

La Dernière Santé

Vos verres sont-ils chargés à l'Ouest et au Sud ? crie le Vénérable Maître ;

Ils sont chargés à l'Ouest, ils sont chargés au Sud,
répondent promptement les Surveillants ;
Alors, videz vos verres pour la dernière santé de ce soir :
« Heureux, nous nous sommes réunis, et navrés de nous séparer —
Mais heureux de nous réunir à nouveau, à nouveau,
Oh ! heureux de nous réunir à nouveau ! »

Autour de la table du banquet, la fraternité des Maçons
Recèle de plus grandes richesses que l'égoïste fortune de l'avare ;
Ils partagent en liberté l'inestimable trésor que les cœurs généreux renferment —
« Heureux de nous réunir, navrés de nous séparer, heureux de nous réunir à nouveau ! »

Nous travaillons en Maçons libres et vrais, et la tâche une fois achevée,
Une chanson joyeuse, un bon verre sont bien mérités ;
Et ce n'est qu'au moment de l'adieu à donner que le plaisir se mélange de peine —
« Heureux de nous réunir, navrés de nous séparer, heureux de nous réunir à nouveau ! »

Au milieu de notre joie, nous buvons « aux maçons pauvres partout dans le monde » —
Sur tous les rivages, glorieux, notre drapeau d'amour est déferlé.
Chaque frère nous est cher, blond ou brun, si nulle tache morale ne le souille —
« Heureux de nous réunir, navrés de nous séparer, heureux de nous réunir à nouveau ! »

Le Maçon s'accorde au noble adage du paysan écossais :
Le rang n'est que l'empreinte de la pièce, l'or en est l'homme lui-même,
Chez nous, à droits égaux, le riche et le pauvre s'assemblent —

« Heureux de nous réunir, navrés de nous séparer, heureux de nous réunir à nouveau ! »

Chers frères unis sous le sceau du secret, voici que s'avance la nuit —
Notre tâche achevée, notre fête finie, voici notre dernière chanson —
« Bonne nuit ». « Bonne nuit » — une fois encore, une fois encore répétons notre péan d'au revoir —
« Heureux de nous réunir, navrés de nous séparer, heureux de nous réunir à nouveau ! »

XII

Les faux frères

« On ne prête qu'aux riches » : depuis trois siècles, trop d'hommes célèbres ont appartenu à la franc-maçonnerie pour qu'il ne fût pas tentant de lui en attribuer quelques autres. Ainsi, plusieurs grands musiciens ont-ils été revêtus du tablier de l'initié non pas « au sein d'une loge juste et parfaite », mais dans l'encrier de commentateurs empressés.

Imaginées par un romancier dans le but de captiver ses lecteurs — Balzac, Dumas ou Eugène Sue ne s'y risquèrent pourtant pas —, ces attributions n'auraient que de la saveur. Ici, la fièvre de la démonstration, l'intention militante ou la poursuite d'une idée fixe ont conduit des auteurs estimables, des universitaires respectés, voire tel politicien de la IIIe République, à substituer la conjecture à la preuve documentaire ou à pallier d'un vœu pieux le silence de l'histoire. Émules de Sherlock Holmes (un vrai franc-maçon par son père, celui-là !) pour la subtilité de leurs déductions, ils déchiffrent l'univers dans le dictionnaire des symboles et accouchent d'une montagne la moindre souris ésotérique...

Rappelons-le : malgré la discrétion de l'institution maçonnique, on en connaît fort bien l'histoire. En raison même du caractère traditionnel dont elle se réclame, elle prit toujours soin de garder une trace de ses travaux et de ses procédures. Depuis les origines de la société, dans chaque loge, le secrétaire, haut placé dans la hiérarchie des offices, fut chargé de tenir à jour l'état des membres cotisants et de rédiger les procès-verbaux des réunions qui comportent, outre la liste des présents, celle des « visiteurs » affiliés à une autre loge — source inappréciable de découvertes et de recoupements. Certes, les archives des premières décennies présentent bien des lacunes mais, on a pu le constater ici, à partir de la seconde moitié du XVIIIe siècle, ce type d'informations abonde. Enfin, de manière en apparence paradoxale, les poursuites ou les interdictions dont la franc-maçonnerie fit l'objet dans certains pays et à certaines époques ont favorisé la préservation des documents, que les autorités de police mirent en lieu sûr à l'abri des accidents de l'histoire. Ce fut le cas, notamment, des archives de la franc-maçonnerie autrichienne, où l'on cherchera vainement le nom d'un très illustre « faux frère » : Ludwig van Beethoven.

Plusieurs commentateurs (à commencer par le président Édouard Herriot, qui n'était ni historien ni musicologue ni même franc-maçon) n'en ont pas moins répandu, sinon accrédité la thèse de l'appartenance maçonnique de Beethoven. Qu'aucune référence au grand musicien ne figure dans quelque document maçonnique de quelque pays que ce soit suffit à constituer, pour l'époque considérée, une preuve de l'irréalité de cette allégation ; mais, s'agissant d'un compositeur d'une telle importance, il est intéressant d'examiner l'argumentation avancée par ceux à qui ce fait semble négligeable. Elle se fonde sur des détails tirés de la vie de Beethoven et sur des hypothèses fondées sur le caractère de certaines œuvres.

Premier élément biographique ; Beethoven fut, à Bonn, l'élève et l'assistant de Christian Gottlob Neefe, membre, on l'a vu, de la loge Caroline aux trois paons de cette ville. L'influence qu'il exerça sur le jeune Ludwig dépassa-t-elle le domaine musical ? Deuxième élément : Schindler, futur biographe de Beethoven, narre que lorsqu'il rencontra celui-ci pour la première fois, « une poignée de mains fit le reste ». S'agissait-il d'un signe de reconnaissance maçonnique ? Enfin, Karl Holz, second violon du quatuor Schuppanzigh affirma que Beethoven « avait été franc-maçon mais que, sur le tard, il ne l'était plus de manière active ». Témoignage direct et incontestable ?

Beethoven travailla avec Neefe de 1782 (peut-être même dès 1780) à 1784 ou 1785, soit entre sa dixième et sa quinzième année. S'il fut reçu franc-maçon à Bonn, ce ne put être ni avant le 16 décembre 1791, c'est-à-dire à ses vingt et un ans révolus (encore fixait-on souvent l'âge minimum à vingt-cinq ans) ni après le 2 novembre 1792, date de son départ pour Vienne. S'il fut initié à Vienne (mais dans laquelle des trois loges qui y fonctionnaient ?), la chronologie possible est tout aussi serrée : quelque temps après son arrivée (pour que son honorabilité soit vérifiée et sa demande instruite), mais pas après le courant de l'année 1794, puisque la franc-maçonnerie viennoise se mit alors en sommeil. En tout état de cause, si bref qu'il eût été, ce passage dans une loge aurait été enregistré. On ne parlera pas même du voyage à Tœplitz, en 1812. Beethoven y côtoya des francs-maçons, tels que Goethe et son ami Zelter, mais on sait que les choses s'y passèrent fort mal et qu'il s'y sentit, selon ses propres termes, « seul, seul, seul ». On accordera la confiance qu'elle mérite à la petite phrase de Schindler : celui-ci, qui fit son fonds de commerce de ses relations avec Beethoven et qui nous a raconté bien d'autres fables, avait tout juste dix-huit ans lors de cette première rencontre, en 1814. Quant au témoignage de Holz, il fut recueilli, par le musicologue allemand Otto Jahn, vingt-cinq ans après la mort de Beethoven et plus d'un demi-siècle après l'époque incriminée — pendant laquelle, une fois encore, toute activité maçonnique demeura strictement prohibée dans l'Empire autrichien.

Les « preuves » musicologiques de l'appartenance de Beethoven à la franc-maçonnerie seraient, elles aussi, au nombre de trois... Il y a, tout d'abord, la mystérieuse suscription portée par le compositeur sur le manuscrit de l'Adagio du

7e *Quatuor* en *fa* majeur, op. 59 n° 1 (le premier des quatuors Razumovski, composé en 1806) : « Un saule pleureur ou un acacia sur la tombe de mon frère. »

Le terme « frère » et, surtout, celui d'acacia n'ont pas manqué d'exciter l'imagination des commentateurs. Rejetant le sens familial du mot frère (les deux frères de Beethoven Kaspar-Karl et Nikolas-Johann meurent respectivement en 1815 et 1848), ils se réfèrent naturellement à son acception maçonnique. Pour l'acacia, il s'agit bien sûr du symbole de l'immortalité qui apparaît dans la légende d'Hiram, au grade de maître : l'endroit où le corps de l'architecte du temple de Salomon a été hâtivement enterré par ses assassins est repéré par une branche d'acacia. Malheureusement, nul n'a jamais pu préciser de quel frère en maçonnerie Beethoven célébrait ainsi la mémoire. En revanche, Beethoven avait eu un frère, né le 2 avril 1769 et mort quatre jours plus tard, prénommé, lui aussi Ludwig. Que le compositeur, dont la correspondance montre qu'il connaissait fort bien l'existence de ce double éphémère, ait songé à celui-ci constitue une hypothèse au moins aussi plausible que celle du mystérieux franc-maçon anonyme. De toute façon, la symbolique maçonnique, qui ignore totalement le saule, pleureur ou non, n'a nullement l'exclusivité de l'acacia. La Bible cite cet arbre plusieurs fois, notamment dans Exode XXV-XXVII (on y précise que l'arche d'alliance, la table des pains d'oblation, l'autel doivent être construits dans ce bois considéré comme imputrescible) et dans Isaïe XLI, 19 (où l'acacia figure parmi les présents de Yahvé à Israël). En fait, des rameaux d'acacia furent longtemps utilisés pour marquer l'emplacement des tombes et la légende d'Hiram ressortit, sur ce point, à une tradition plus générale.

On a pu, d'autre part, considérer comme un élément décisif l'attribution à Beethoven de deux lieder maçonniques : *Bei der Aufnahme eines Maurers* (« À l'initiation d'un maçon »), et *Maurerfragen* (« Questions maçonniques »). En réalité, il s'agir de textes substitués, en 1805, à ceux que Beethoven avait mis en musique en 1790 et qui n'avaient rien de spécifiquement maçonnique. Beethoven ne fut d'ailleurs informé qu'après coup de cette substitution et les termes de la lettre qu'il écrit à ce sujet à Wegeler, membre de la loge Les Frères courageux de Bonn, ne trahissent pas une grande familiarité avec la société : « On dit que dans votre loge de francs-maçons, tu chantes une mélodie de moi, probablement en *mi* majeur, et que je ne possède pas moi-même. Envoie-la-moi, je te promets que tu en seras récompensé au triple et au quadruple d'une autre manière... »

C'est dans l'œuvre la plus célèbre de toute l'histoire de la musique, l' « Ode à la joie » de la 9e *Symphonie*, qu'on a cru trouver la preuve ultime de l'appartenance de Beethoven à la franc-maçonnerie. La démonstration est fort simple : le lied de Schiller, écrit en 1785, fut souvent dit et chanté dans les loges de Rhénanie. Et Beethoven le savait qui, en le choisissant quarante ans plus tard, n'en fit pas seulement la conclusion de son chef-d'œuvre, mais une véritable profession de foi maçonnique.

Certes, on remarquera que Schiller ne fut jamais lui-même franc-maçon. On s'étonnera aussi que Beethoven ne souffla mot de cette composante maçonnique quand sir George Smart, qui devait créer l'œuvre l'année suivante à la Société philharmonique de Londres, vint à Vienne en 1825 pour discuter avec le compositeur des problèmes d'exécution. On ne peut imaginer que le « franc-maçon Beethoven » ignorait la qualité de son visiteur, l'une des illustrations musicales de la Grande Loge unie d'Angleterre ! Mais, plutôt que d'argumenter sur les souvenirs, les intentions et les silences, mieux vaut verser au débat le texte même de Schiller, infiniment moins connu (du moins hors des pays germanophones) que la musique qui l'immortalisa. On jugera ainsi, sur la belle traduction de Romain Rolland, du caractère prétendument maçonnique du poème :

> Joie, belle étincelle des dieux, fille de l'Élysée, nous pénétrons, brûlants d'ivresse, dans ton sanctuaire, ô céleste ! Tes charmes lient de nouveau ce que la mode a

rigoureusement partagé, tous les hommes deviennent des frères, là où plane ton aile douce.

Qui a réussi le coup de dé d'être l'ami d'un ami, qui a conquis une noble femme, qu'il mêle ses transports aux nôtres ! Oui ! qui peut seulement nommer sienne une âme, sur le globe terrestre ! Mais qui jamais ne l'a pu, qu'il se dérobe, en pleurant, à notre groupe !

Tous les êtres boivent la joie, aux mamelles de la Nature ; tous les bons, tous les mauvais, suivent sa trace de roses — Elle nous donna les baisers et la vigne, un ami, éprouvé jusqu'à la mort ; la volupté fut donnée au ver ; et le Chérubin se tient debout devant Dieu.

Joyeux, comme volent ses soleils — à travers la plaine splendide du ciel — courez, frères, votre chemin — joyeux, comme un héros vers la victoire !

Embrassez-vous, millions d'êtres ! Ce baiser, au monde entier ! Frères, au-dessus de la voûte étoilée, il faut qu'habite un bon père...
Vous vous prosternez, millions d'êtres ? Monde, pressens-tu le Créateur ? Cherche-le au-dessus de la voûte étoilée ! Au-dessus des étoiles, là doit être sa demeure !

On ne saurait nier ici que Beethoven ait partagé avec la franc-maçonnerie bien des convictions et des sentiments. Comme elle (mais comme tant d'autres aussi qui ne furent pas francs-maçons), il a exalté la fraternité universelle des hommes de bonne volonté, exprimé la certitude de l'existence d'un Dieu créateur, très proche de Celui de la tradition judéo-chrétienne, mais transcendant les institutions religieuses, affirmé que les distinctions de fortune et de rang ne valent rien en regard des qualités humaines, etc. Si l'histoire ne s'y était pas opposée, il aurait très probablement demandé son admission dans la société. Mais les faits sont têtus et l'interprétation des œuvres de Beethoven à partir des enseignements et des rites de la franc-maçonnerie relève de la pure et simple imagination.

Quand il s'agit de Franz Schubert, mis au nombre des frères par une exégèse encore plus aventureuse, on pourrait même parler de musicologie-fiction... On ne s'y attardera guère ; les données factuelles, historiques, rappelées à propos de Beethoven jouent de manière encore plus décisive : Schubert, né à Vienne en 1797, ne quitta pratiquement jamais cette ville où il mourut en 1828. L'argumentation, encore plus faible, repose sur l'interprétation de certains éléments du *Voyage d'hiver :* une coïncidence passagère dans « Le poteau indicateur » avec un motif du 7e *Quatuor* de Beethoven, assuré d'appellation maçonnique contrôlée ; le bâton du pèlerin de « L'auberge », qui rappellerait « un accessoire des rituels d'initiation maçonnique » (confusion avec la canne du maître des cérémonies français ou celle des « diacres » anglais qui, à l'imitation de celle des huissiers à verge, constituait un insigne d'autorité et, loin d'aider à la marche, ne devait pas reposer à terre) ; le nombre des « Soleils fantômes » comme si toute triade s'avérait obligatoirement maçonnique — oserait-on l'affirmer de la Sainte Trinité, des oranges du conte de Gozzi et des redoutables Pieds-Nickelés ? On ajoutera que l'auteur des textes, Wilhelm Müller (1794-1827), fut l'un des assez rares poètes allemands de l'époque... à ne pas appartenir à la franc-maçonnerie. Enfin, attribuer à cette dernière un caractère antireligieux et anticlérical, dont Schubert témoignerait dans le *Voyage d'hiver,* revient à commettre à la fois un contresens et un anachronisme. La croyance en un Dieu personnel et révélé était alors impérativement exigée de tout candidat à la franc-maçonnerie et le reste toujours dans un très grand nombre de pays et d'obédiences ; ce ne fut d'ailleurs qu'en 1877 qu'une obédience (le Grand Orient de France) décida pour la première fois la suppression de cette obligation.

Dans la galerie des « faux frères », on citera encore Mendelssohn, Berlioz, Verdi et Puccini. Pour le premier, on a souvent souligné ses antécédents maçonniques (notamment son grand-père vénéré, le philosophe Moses Mendelssohn), et ses relations avec de nombreux francs-maçons éminents, allemands ou britanniques. On a supposé, sans invraisemblance apparente, qu'il aurait été initié en Angleterre au cours de l'un des voyages qu'il y fit. Toutefois, en dépit de recherches systématiques, son nom n'a été retrouvé nulle part ; on peut d'ailleurs penser qu'en Grande-Bretagne, où la franc-maçonnerie ne se cache guère, la loge éventuelle de Mendelssohn n'aurait pas manqué de revendiquer un membre aussi célèbre.

Berlioz n'appartint pas à la société — l'imagine-t-on, en loge, appeler « mon frère » son vieil ennemi Cherubini ? De manière éphémère, mais à deux reprises, il apporta cependant son concours à des entreprises dont certaines conceptions, et surtout le vocabulaire, évoquaient la franc-maçonnerie. La première est celle des saint-simoniens, déjà citée à propos de Rouget de l'Isle. Berlioz les fréquenta au début des années 1830 et son projet d'oratorio *Le Dernier Jour* en porte la trace indéniable. La seconde, trente ans plus tard, correspond à une période noire de la vie du compositeur. En 1859, désespérant de voir *Les Troyens* un jour représentés, malade physiquement et nerveusement, Berlioz recourut à la thaumaturgie d'un marabout qui faisait alors fureur, un certain Vries, dit « le docteur noir ». Celui-ci, non content de soigner les crédules, voulut fonder une sorte de religion nouvelle à la suite d'une vision qu'il avait eue et construire un temple sur les Champs-Élysées. En musique, comme l'annonça le prospectus :

> Élévation du temple prédit par Salomon,
> décrit par Ézéchiel
> et devant être élevé à Dieu par J. H. Vries, comme gage de la réconciliation entre Dieu et l'homme, entre l'homme et son prochain. Signal de la paix universelle.
> Hymne pour la consécration du nouveau tabernacle
> Musique par Hector Berlioz
> Religion vient de *religare,* lier de nouveau. Lorsque tous

les hommes seront unis par la même religion, la paix régnera sur la terre.

Cette musique existe, à défaut de ce troisième Temple qui ne fut, bien sûr, jamais construit. Et, de même qu'il s'était vite éloigné des saint-simoniens et de leurs interminables prédications, Berlioz ne tarda pas à se brouiller avec le « docteur noir ».

Contrairement à celle de Puccini (qui ne repose sur rien, pas même sur des convergences philosophiques), la qualité maçonnique de Verdi, affirmée par la très sérieuse *Enciclopedia della Musica* publiée par Ricordi, n'étonnerait guère de prime abord. On connaît en effet la sympathie active du compositeur pour le mouvement du Risorgimento, étroitement lié à la franc-maçonnerie italienne. Plusieurs opéras, de *Nabucco* à *La Battaglia di Legnano,* constituaient une allusion, sinon une incitation à la lutte pour l'indépendance italienne et ce n'est pas hasard que les lettres de son nom introduisaient l'acrostiche appelant à l'unité du pays : *Viva Verdi !* lisez : *Vittorio Emanuele Rè d'Italia.* Pourtant, en dépit de la notice de l'*Enciclopedia della Musica,* Verdi ne fut jamais franc-maçon. Non seulement on ne trouve aucune trace de son appartenance dans les archives de la maçonnerie italienne et dans les papiers publiés ou inédits du compositeur, mais le Grand Orient d'Italie, en honorant à plusieurs reprises la mémoire de Verdi, tint à préciser que celui-ci n'avait pas été affilié à l'Ordre.

Le cas de Richard Wagner, enfin, s'avère assez particulier : s'il voulut être franc-maçon, les francs-maçons ne voulurent pas de lui. En fait, pendant son enfance et sa jeunesse, Wagner avait beaucoup côtoyé la société. Ludwig Geyer, son beau-père[1], dont il porta longtemps le nom, appartenait à la loge Ferdinand de la félicité de Magdebourg. À sa mort, en 1821, les institutions de bienfaisance maçonni-

1. On a même prétendu, non sans quelques arguments, que Ludwig Geyer était le père de sang de Richard Wagner.

que portèrent secours à sa famille. Par la suite, au début de l'année 1835, Wagner dirigea à plusieurs reprises les concerts organisés par les loges de Magdebourg et, en particulier, l'ouverture de son premier opéra *Les Fées*. On peut même se demander si la surprenante sollicitude dont il bénéficia à Londres en 1839, dans la maison de lord Bulwer-Lytton[1], après sa fuite rocambolesque de Riga, ne fut pas due à l'exposé de ses protections maçonniques. Toujours est-il qu'avant même de s'installer à Bayreuth, le compositeur entra en relations avec l'un des animateurs du comité Wagner local, Friedrich Feustel, qui ne tarda pas, par la suite, à devenir un ami intime de la famille. Or Friedrich Feustel était une personnalité maçonnique de tout premier plan, membre et Vénérable de la loge Eleusis à la discrétion et, surtout, Grand Maître de l'obédience dite « du Soleil » de 1863 à 1869 puis de 1875 à 1884. Dès 1872, à peine fixé à Bayreuth, Wagner s'adressa à lui pour demander sa réception dans la franc-maçonnerie.

Avec le temps, l'admission d'un candidat avait été soumise à des procédures plus complexes qu'à l'époque de Naudot ou même de Mozart — ces procédures variant du reste selon les obédiences. Dans le cas de Wagner, sans doute pour ménager son amour-propre, elles ne furent pas même engagées. On se contenta, par l'entremise de Feustel, de faire savoir au candidat que l'issue des démarches, enquêtes et votes successifs serait négative et qu'il serait plus opportun de ne pas insister... Wagner n'insista pas. Selon une confidence que Feustel aurait faite à son fils, les raisons du refus tenaient à l'opposition des catholiques de la loge et au désir de ne pas compliquer les relations avec le souverain, Louis II de Bavière. Certes, ce que Cosima nomme dans son *Journal* les « Mystères de Bayreuth » apparaissaient-ils fort compliqués ; certes, le luthéranisme désormais militant du couple Wagner

1. Auteur du livre célèbre *Les Derniers Jours de Pompéi* et d'un *Cola Rienzi* qui avait inspiré son opéra à Wagner. Bulwer-Lytton était un franc-maçon éminent.

pouvait-il irriter les catholiques de l'endroit, mais on ne peut s'empêcher de penser que les tranquilles bourgeois de Bayreuth n'éprouvaient guère non plus le désir de s'embarrasser, en loge, d'un pareil trublion. Comment oublier que ce candidat avait fait le coup de feu sur les barricades de Dresde en compagnie de Bakounine, qu'il avait vécu dans le péché jusqu'en 1870 avec la femme de son meilleur ami, qu'il pensait, selon sa propre expression, que le monde lui devait tout et qu'il ne reculait devant aucune intrigue pour assurer son pain et le triomphe de la « musique de l'avenir » ? Bref, si l'on admirait le musicien, l'homme semblait quelque peu encombrant.

Un point mériterait, cependant, qu'on l'éclaircisse. Franz Liszt, désormais le beau-père de Richard Wagner, et qui séjourna à Bayreuth du 15 au 21 octobre 1872, fut-il mis au courant de la tentative infructueuse de son gendre ? Après tout, il appartenait, lui, et depuis longtemps, à la franc-maçonnerie...

XIII

Un abbé franc-maçon

Demande d'admission à la loge L'Union de Francfort-sur-le-Main
Je soussigné Franz Liszt, fils d'Adam Liszt, né le 22 octobre 1811 à Raiding (Comitat d'Œdenbourg), catholique romain et domicilié à Paris, atteste et confirme expressément par la présente que c'est librement que j'ai fait part à mon ami, M. Wilhelm Speyer, de mon désir de devenir franc-maçon et que je renouvelle ce souhait. Je certifie également que je n'ai posé ma candidature dans aucune autre loge ni n'appartiens à une société secrète dont les obligations seraient contraires aux devoirs demandés par la franc-maçonnerie. Je promets en revanche sur ma conscience et mon honneur que je me soumettrai aux anciens usages et règlements de celle-ci et que je garderai le silence le plus absolu sur ce que j'aurais pu apprendre ou sur ce que j'apprendrai de la franc-maçonnerie, que j'y sois ou non reçu.
Signé de ma main, Francfort-sur-le-Main, le 18ᵉ jour du 9ᵉ mois de l'an 1841

Franz Liszt

On imagine bien que la candidature de Liszt, qui allait avoir trente ans, n'était pas un acte irrésolu et soudain.

Depuis toujours, il s'intéressait très vivement aux questions religieuses, spirituelles et même sociales. Il avait beaucoup fréquenté lui aussi les saint-simoniens, suivi attentivement la démarche de Lamennais, publié en 1835 un essai au titre significatif : *De la situation des artistes et de leur condition dans la société* et prêté son concours à de nombreuses manifestations humanitaires. A l'hôtel de l'Union de Chamonix, où il séjournait durant l'été 1836, Liszt avait rempli sa fiche d'une manière que ses futurs frères de la loge homonyme n'eussent pas désavouée :

Lieu de naissance :	*Parnasse*
Profession :	*Musicien Philosophe*
Venant de :	*Doute*
Allant à :	*la Vérité*

Enfin, il est probable que les relations du musicien et du jeune comte Félix Lichnowsky jouèrent, en la matière, le rôle de la cause instrumentale. Lichnowsky, neveu du mécène de Beethoven, de cinq ans le cadet de Liszt, avait rencontré celui-ci lors d'un concert à Bruxelles en janvier 1841 et il en devint très vite l'ami intime et le compagnon de voyage. C'est avec lui que Liszt fit sa tournée en Rhénanie et qu'il découvrit l'île de Nonnenwerth, sur le Rhin, dernier abri de ses amours avec Marie d'Agoult. Faut-il le préciser, Lichnowsky était franc-maçon.

Wilhelm Speyer (1790-1878), l'autre ami dont Liszt se recommande (et à qui, huit jours auparavant, il avait adressé une première lettre d'intention) était un notable de Francfort, tout à la fois banquier, violoniste, compositeur de lieder et Député Grand Maître de l'obédience *Eklektischen Freimaurerbundes* de la ville[1]. Il y animait une société musicale, la Fondation Mozart, pour laquelle Liszt donna un concert le

1. Compte tenu de la division politique de l'Allemagne, il y existait un grand nombre d'obédiences indépendantes ou associées de manière complexe.

25 septembre, et composa par la suite plusieurs œuvres vocales.

Le formulaire de candidature rempli par Liszt porte la même date que le questionnaire soumis, comme d'usage, à l'impétrant :

> *Quel est le but de la vie de l'homme ?*
> Le but de l'homme est de rechercher la plus grande perfection possible dans le Vrai, la Vertu et le Beau de manière à s'approcher d'aussi près que lui permettent ses limites de l'union avec son Créateur.
>
> *Qu'attendez-vous de la franc-maçonnerie en ce qui concerne votre âme, votre esprit et votre bonheur matériel ?*
> Je crois et j'espère entrer dans une société d'hommes bons et justes, assemblés pour la réalisation de ces buts.
> Je crois et j'espère que mon esprit trouvera de quoi s'y nourrir et que des mains fraternelles me soutiendront en cas de dangers ou de difficultés.
>
> *Que peut attendre de vous la franc-maçonnerie ?*
> L'Ordre me trouvera toujours prêt à m'associer, en paroles comme en actes, à toutes ses justes causes et à participer à ses estimables travaux.
> L'Ordre, en la profonde sagesse duquel j'ai foi et respect, trouvera en moi un néophyte décidé et un membre obéissant en tout ce qui s'accordera avec mes opinions politiques et religieuses et en tout ce qui ne sera pas contraire à mon honneur et à ma conscience.

Si Liszt, selon l'usage de la plupart des loges du continent, rédigea ce questionnaire — et donc le formulaire — le soir même de son initiation, on avait considérablement abrégé les délais de rigueur en sa faveur. Quelle loge, à vrai dire, n'aurait toléré une exception au règlement pour s'assurer de l'adhésion du célèbre virtuose — et grand voyageur ?

Si grand voyageur, en effet, que Franz Liszt passa au grade de compagnon et fut élevé au grade de maître à Berlin, à un bon nombre de relais de poste de sa loge mère de Francfort. Pour la première de ces circonstances, la présence d'illustres visiteurs rehaussa la solennité de la cérémonie :

> Minutes de la tenue de la Respectable loge de saint Jean La Concorde, à l'Orient de Berlin, le 8 février 1842.
> Ce soir, à six heures de relevée, après avoir reçu son Altesse Royale le Prince de Prusse, Protecteur de la Grande Loge, le frère Pelzman, Vénérable Maître, remit son maillet entre les mains de son Altesse Royale, qui le lui rendit. Il le remit ensuite au Très Vénérable Grand Maître National le frère Oelzel qui ouvrit la loge au grade de Compagnon pour la réception de trois candidats selon le rituel solennel.
>
> . . . .
>
> Le Très Vénérable Grand Maître National annonça l'ordre du jour de la tenue : le passage au deuxième grade du frère apprenti Liszt, de la loge de saint Jean L'Union à l'Orient de Francfort-sur-le-Main...
>
> . . . .
>
> ... les frères Liszt, Kirsch et Miesch furent introduits dans la loge pour y recevoir la faveur du grade de Compagnon avec toute la solennité demandée par le rituel.
>
> . . . .
>
> Lors d'une tenue de comité, le 4 février 1842, les frères Maîtres Maçons de la loge de saint Jean La Concorde avaient décidé, en témoignage de leur amour fraternel, d'élire membre d'honneur de leur loge le très éminent frère Liszt, artiste adoré, frère et homme estimé. Le Vénérable Maître Pelzman offrit à Liszt le bijou de la loge La Concorde et lui adressa quelques paroles affectueuses. Le Vénérable frère Oetzel lui tint un discours non moins chaleureux. L'humilité dont témoignait le frère Liszt faisait, dit-il, sa joie et son bonheur. Il exprima le vœu que le Grand Architecte de l'Univers préserve l' « esprit heureux » de notre frère, souhaitant qu'en dépit des salves d'applaudissements qui l'accueillaient partout, il conserve cette même modestie.

Deux semaines plus tard, le 22 février 1842, Liszt était élevé au grade de maître dans la même loge La Concorde. Son ami Félix Lichnowksy assistait à cette cérémonie. L'on n'y recommanda pas, une nouvelle fois, l'humilité au frère Liszt mais l'orateur souligna les relations entre l'Architecture et l'Harmonie. « Il souhaita que les frères présents aient à nouveau l'honneur et le plaisir de recevoir Liszt dans leur Loge ; mais, ajouta-t-il, ceux qui n'auraient pas ce plaisir le retrouveraient un jour, là où la Lumière suprême rassemble tous les hommes en une seule Harmonie. » Ces paroles, affirme le procès-verbal, firent une impression profonde sur toute l'assistance.

En dépit de ses voyages incessants et de son extraordinaire activité, Franz Liszt s'efforça de maintenir des contacts relativement fréquents avec la franc-maçonnerie dans les années qui suivirent. Il donna plusieurs concerts dans des loges ou des sociétés musicales liées à celles-ci, à Cologne, à Solingen, à Iserlohn, à Zurich et même en France, à Reims. Après celle de Berlin, la loge Prince de Prusse aux trois épées de Solingen, Liberté allemande d'Iselohn et Modestia cum Libertate de Zurich le nommèrent membre d'honneur, distinction assez rarement conférée dans la franc-maçonnerie.

Les choses changèrent vers 1848. Il renonça alors à sa carrière errante de virtuose pour se consacrer à la composition et lia son sort à la princesse Carolyne von Sayn-Wittgenstein. Liszt paraît avoir perdu tout contact avec la franc-maçonnerie dès le début de son long séjour à Weimar, de 1848 à 1861... Il est vrai que les tracasseries qu'il subissait ne devaient guère l'encourager à retrouver en loge les notables de la ville[1]. Il venait du reste de perdre l'ami qui l'avait encouragé et suivi dans sa carrière maçonnique : le 18 septembre 1848, Félix Lichnowsky, connu pourtant pour

1. Certains éléments laissent à penser qu'il eut néanmoins des contacts discrets avec la fameuse loge Amalia aux trois roses de Weimar (celle de Goethe).

ses opinions libérales, fut assassiné à Francfort par des révolutionnaires.

C'est à la même époque que la foi catholique de Liszt, à laquelle il n'avait jamais cessé de se montrer fidèle, s'approfondit en mysticisme. Le 28 juin 1857, le frère franciscain Eugène Koppan, ministre de la province mariale de Hongrie, conférait la qualité de *confrater* au « magnifique, brillant et très illustre maître et docteur François Liszt ». On notera, à cet égard, qu'il ne s'agissait pas d'une affiliation au tiers ordre franciscain mais, comme l'assure le texte même du diplôme, d'une « récompense spirituelle [...] qui vaut par communication spéciale, de participer dans la vie et la mort, à tous les mérites des frères unis dans la foi. »

À la fin de l'année 1861, Liszt s'installa à Rome. Il entendait y nourrir sa foi, mener à bien son grand projet de rénovation de la musique religieuse et, aussi, diligenter l'annulation du précédent mariage de la princesse Wittgenstein. Il fut fort bien accueilli par le pape Pie IX qui, si l'on en croit un article de la *Revue et Gazette musicale* lui tint des propos qui durent rappeler au musicien ceux du Vénérable frère Oetzel : « Il vous est donné de faire retentir à nos oreilles le chant des sphères célestes ; mais les plus sublimes harmonies, nous les entendrons un jour là-haut. » Avec quelque étonnement, cependant, on apprit que Franz Liszt avait reçu la tonsure le 25 avril 1865 et les quatre ordres mineurs (portier et lecteur, exorciste et acolyte), le 30 juillet de la même année.

L' « abbé » Liszt n'abjura pas pour autant formellement son appartenance à la franc-maçonnerie. Il se contenta de s'abstenir de répondre aux correspondances des loges, et cela va sans dire, de fréquenter ces dernières. Cette « mise en sommeil » sans rupture peut sembler étrange : Pie IX, qui lui avait témoigné tant de considération, était le pape du *Syllabus*, l'adversaire acharné de la franc-maçonnerie ; au cours de son pontificat, la condamnation fulminée par la bulle *In eminenti* sera renouvelée par six fois avec son corollaire, l'excommunication *ipso facto*.

Pour ambiguë qu'elle fût, l'attitude de Liszt n'était toutefois pas exceptionnelle. Depuis l'origine du conflit, bien des catholiques sincères, convaincus du caractère outrancier des griefs de la papauté (ou de ses arrière-pensées temporelles), s'étaient accommodés de leur dualité. On avait même vu un ultramontain, Joseph de Maistre, tenter de mettre la franc-maçonnerie au service du catholicisme. En fait, plusieurs des loges auxquelles Liszt appartenait le radièrent de leurs états. Encore cette décision sanctionnait-elle l'absence et le silence de Liszt, non son entrée dans les ordres. En tout état de cause, Liszt demeurait membre de la loge Modestia cum libertate de Zurich. La radiation ne présente en effet qu'un caractère administratif : l'intéressé cesse d'appartenir à la loge qui prend cette décision, mais ne perd pas pour autant la qualité de franc-maçon que seul un jugement d'expulsion peut lui retirer.

En 1877, Liszt écrivait : « Il y a douze ans, je suis entré comme acolyte de monseigneur de Hohenlohe au Vatican. Les sentiments qui m'y conduisaient n'ont pas cessé, ils datent de mes années d'enfance et de première communion dans une église de petit village. J'ose dire que rien de factice ni de vain ne les a jamais altérés et j'espère que la grâce de Dieu me les conservera jusqu'à ma dernière heure. » En fait, déçu par le manque d'enthousiasme de la hiérarchie à l'égard de ses conceptions de la musique religieuse, Liszt, depuis la fin des années 1860, s'était repris de voyager. À partir de 1870, il vint fréquemment à Budapest où il renoua, de manière fort discrète mais certaine, avec la franc-maçonnerie. On a contesté la réalité de son affiliation à la loge L'Unité de Budapest, en 1870, mais sa présence à une tenue au moins de la loge Màtyàs Corvin, le 21 mars 1874, est prouvée. On le retrouve à deux reprises à Presbourg, en 1881 et 1882 pour des concerts organisés par la loge La Discrétion [1]. Enfin, en

1. On trouvera des détails sur ces activités maçonniques dans l'ouvrage de Philippe Autexier cité dans la bibliographie.

1884, il encouragea vivement l'un de ses élèves, le pianiste Berthold Kellerman à poser sa candidature auprès de la loge La Chaîne de Munich. À la mort de Liszt, le 31 juillet 1886, de nombreux articles de la presse maçonnique célébrèrent sa mémoire.

Liszt a-t-il écrit de la « musique maçonnique » ? On a déjà mis en garde, ici, contre cette notion très floue et les inférences abusives qu'elle suscite souvent. Si l'on range dans cette catégorie des lieder ou des chœurs composés sur des textes de poètes francs-maçons (Goethe en particulier) et susceptibles d'avoir été chantés en loge, la réponse sera, bien sûr, positive. Mais on ne connaît pas d'œuvres de Liszt que leur caractère destine spécialement aux rites et aux cérémonies de la franc-maçonnerie. À cet égard, l' « abbé » Liszt se montra infiniment plus généreux avec l'Église...

XIV

Une vie pour le Sâr

Les dernières décennies du XIXe siècle, tout particulièrement en France, laissent volontiers l'impression d'un apogée du rationalisme, du scientisme, du positivisme. La réalité de l'Exposition universelle de 1889 s'unissait aux fictions de Jules Verne et de Robida pour faire rêver aux merveilles que réservait « l'avenir de la science », pour reprendre le titre de l'ouvrage de Renan, paru en 1890. Dès 1847, une loge de Besançon recevait Proudhon qui, à la question « Quels sont les devoirs de l'homme envers Dieu ? » répondit : « La guerre ! ». L'initiation de Littré dans la loge La Clémente Amitié, en 1875, avait été accueillie avec la même émotion que celle de Voltaire, un siècle plus tôt. Et, au « Convent » de 1877, le Grand Orient de France rayait de sa constitution l'article premier qui proclamait : « La Franc-Maçonnerie… a pour base l'existence de Dieu et l'immortalité de l'âme. »

Comme souvent en histoire, une réalité peut en cacher une autre, tout aussi vraie que la première, mais contradictoire. Hugo fait tourner les tables, les symbolistes s'opposent aux naturalistes et, une fois de plus, la fin d'un siècle encourage les inquiétudes et les aventures spirituelles. À vrai dire, on ne trouve pas que des scientistes dans les loges mais également, tout minoritaires qu'ils soient, des spiritualistes comme Oswald Wirth, voire des occultistes comme Eliphas Levi. Ailleurs, une foule de cénacles littéraires et artistiques s'opposent à la fois à l'art frivole du Second Empire et à l'académisme froid de la IIIe République. Les musiciens y jouent souvent un rôle important, à la *Revue wagnérienne* naturellement, ou encore autour de la librairie d'Edmond Bailly, *L'Art indépendant*, que fréquentent Erik Satie, Claude Debussy et des amateurs éclairés comme Villiers de L'Isle-Adam, Mallarmé, Catulle Mendès, J.-K. Huysmans. On ne distingue pas toujours clairement la séparation entre ces cénacles et des fraternités dont on ne comprend guère non plus les rapports avec la franc-maçonnerie : tendance, dissidence, concurrence ?

Ce qui est sûr, c'est qu'on y cultive les arts, et singulièrement la musique comme une expression privilégiée de l'âme à l'égal, ou presque, de l'exaltation mystique. Ainsi, le « groupe d'études ésotériques », sous le patronage de la revue *L'Initiation* (organe de l'ordre martiniste) organise-t-il des concerts-conférences en matinée. La compositrice Augusta Holmès vint, par exemple, y interpréter ses œuvres, que MM. Gary et Papus entremêlèrent de causeries sur « La morale des mages et la magie ». L'entreprise la plus significative et la plus importante reste cependant « l'Ordre laïque de la Rose Croix du Temple et du Graal » fondé par Joséphin Péladan, dit « le Sâr Péladan ».

Certes, il ne s'agit pas exactement ici de franc-maçonnerie. Péladan détestait celle-ci et disait : « Je dédaigne la franc-maçonnerie quand je ne la méprise pas et je n'accepterai jamais, cardinal laïque, de traiter avec aucun de cette espèce. » Mais l'institution maçonnique représentait, *volens nolens*, le modèle d'une société de pensée qui avait réussi à se perpétuer ; la Rose + Croix de Péladan ressemblait du reste, comme une sœur du XIXe siècle, aux Ordres de toute espèce qui, au siècle précédent, étaient nés de la franc-maçonnerie ou qui s'y étaient entés. Il s'inspirait de la franc-maçonnerie pour son système de grades (servant d'œuvres, écuyer, chevalier, commandeur, Grand Maître), il en reprenait, à sa façon, les procédures d'admission. Comme dans la franc-maçonnerie, les candidats devaient répondre à un questionnaire (qui, il est vrai, ne ressemblait guère à celui qu'on a vu remplir par Franz Liszt) :

> Qui es-tu ?
> Quel est ton vide ?
> Où tend ta volonté ?
> Comment te réaliseras-tu ?
> Par quelle force ?
> Énonce tes attractions et tes répulsions.
> Définis la Gloire.
> Dis la hiérarchie des êtres.
> Qualifie la sagesse.
> Appelle le bonheur.
> Nomme la douleur.

Après quoi, bien entendu, venait la formalité du serment :

> Je jure sur mon éternel devenir, de chercher, admirer et aimer la Beauté par les voies de l'art et du mystère ; de la louer, servir et défendre même à mon péril ; de garder mon cœur de l'amour sexuel pour le donner à l'idéal ; et de ne jamais chercher la poésie dans la femme qui n'en présente qu'une grossière image.
>
> Je le jure devant Monseigneur Lionardo (*sic*) da Vinci, patron des Rose + Croix.

Cela prête, bien sûr, à sourire. Mais, à l'âge de madame Verdurin et de l'académisme triomphant, l'exaltation esthétique de Péladan était sincère et son goût souvent très sûr, en dépit des panégyriques et des anathèmes qu'il distribuait un peu étourdiment. Écrivain fort estimable, il exerça une influence non négligeable sur la littérature française de la fin du siècle, de Mallarmé à Maeterlinck et de Saint-Pol Roux à Maurice Barrès. Les salons organisés chaque année par la Rose + Croix, de 1892 à 1897, rompaient sainement avec l'art officiel ; Georges Rouault y exposa pour la première fois.

Quant à la musique, elle occupait dans la Rose + Croix une place fondamentale : c'était un séjour à Bayreuth, en 1888 et, notamment, la révélation de *Parsifal* qui avaient inspiré à Péladan l'idée et les principes de son Ordre ; wagnérolâtre inconditionnel, il vénérait dans son idole autant le poète que le musicien. Mais le Sâr s'efforçait de rendre à la musique ce qu'il lui devait et il ne manquait pas de s'en glorifier :

> Si Paris a entendu pendant la semaine sainte, à Saint-Gervais-Saint-Protais, les sublimités vocales de Palestrina et des vieux maîtres sacrés :
>
> L'honneur en est à la Rose + Croix qui a fait exécuter la messe du pape Marcello.
>
> Si le salon des Champs-Élysées a tenté de faire entendre les jeunes compositeurs :
>
> L'honneur en est à la Rose + Croix qui avait préparé la sonate du clair de lune de Benedictus...
>
> (*L'Art idéaliste et mystique, doctrine de l'Ordre et du Salon annuel des Rose-Croix*, 1894)

Pour la paternité de la dernière des œuvres citées par le Sâr, que le lecteur n'impute pas à étourderie l'auteur ou le typographe de ce livre... Il s'agit bien de Louis Benedictus (?-1923), qui se faisait d'ailleurs appeler Ludwig en mémoire du compositeur de l'autre *Sonate au clair de lune*. « Commandeur de l'ordre de la Rose + Croix » et musicien attitré de l'Ordre, Benedictus serait aujourd'hui tombé dans un oubli encore plus total [1] si l'on ne se souvenait parfois de lui comme du fidèle ami et collaborateur de Judith Gautier. Il avait écrit quelques mélodies et s'attacha à expliquer, voire à transcrire les « musiques bizarres » (lisez : les musiques orientales) dans une série de fascicules parus lors des grandes expositions de 1889 et 1900. *La Sonate au clair de lune*, opéra en un

---

1. On trouvera d'intéressantes précisions sur ce personnage touchant, pittoresque et pratiquement inconnu, dans les notes de l'édition, par Léon Guichard, des *Lettres* de Cosima et Richard Wagner à Judith Gautier (Cf. Bibliographie).

acte sur le livret de Judith Gautier, illustrait deux des idées-forces de l'Ordre : la divinisation de l'art et le caractère imparfait de la femme qu'on ne pouvait associer à la Rose + Croix qu'en qualité de « Zélatrice ou Dame de Rose + Croix, mais en aucune occurrence ni au Temple ni au Graal ». La *Sonate* narrait en effet comment Giulietta Guicciardi avait osé repousser l'amour de Beethoven :

> Ah ! l'indigne maîtresse !
> Pour un simple mortel abandonner un dieu !

Au printemps 1891, le Sâr Péladan fit toutefois la connaissance d'un compositeur d'une toute autre dimension : Erik Satie, qui venait tout juste de fêter ses vingt-cinq ans. Depuis plusieurs années déjà, l'ésotérisme, la mystique attiraient Satie. En 1885, peu de temps après sa parution, il avait lu *Le Vice suprême* de Péladan, brûlot dirigé contre le scientisme matérialiste et qui connut l'un des plus grands succès de librairie de la fin du siècle. Dès 1886, Satie avait commencé sa « période mystique » avec *Ogives*, sans que cela l'empêche, au demeurant, de hanter le Chat noir et autres cabarets (qu'en eût pensé Péladan, pour qui les « sept péchés de la Rose + Croix esthétique » étaient : le café, les cercles, les journaux, le jeu, les sports, le lupanar et le caf'conc' ?).

Quoi qu'il en soit, dès le mois de mai 1891, Péladan nommait Erik Satie maître de chapelle de l'Ordre. Si l'on peut discuter la notion de musique maçonnique, celle de « musique rosicrucienne » répondait aux volontés expresses du Sâr. Erik Satie fut donc invité à composer différentes pièces qui méritent pleinement, cette fois, le nom de musiques rituelles. Ce fut d'abord (avant même, peut-être, qu'on le nomme musicien officiel), *Première pensée pour la Rose + Croix* puis, dans le courant de l'année 1891, les *Trois sonneries de la Rose + Croix :* l' « Air de l'Ordre », l' « Air du Grand Maître » et l' « Air du Grand Prieur » ou de « l'Archonte », ce dernier étant Antoine de La Rochefoucauld, ami et mécène de Péladan. Avant la version pour piano que l'on connaît, et dont le Sâr exigea que la partition fût écrite à l'encre rouge, Satie avait instrumenté ces pièces pour trompettes et harpes — curieuse association qui fait regretter la perte du manuscrit. En novembre 1891, Satie eut également l'honneur de composer l'hymne de l'Ordre (intitulé *Hymne pour le salut au drapeau* sur un texte de Péladan lui-même :

Voile gonflée par toutes les poitrines,
Orgueilleux labarum
Aile éployée des foules palpitantes
Tu portes dans ton vol le destin d'une race,
Symbole généreux
Idéal collectif
Salut drapeau.

Enfin, en 1892, Satie composa la musique pour une « pastorale kaldéenne » (*sic*) en trois actes du Sâr Péladan, *Le Fils des étoiles*. Les trois préludes des actes, qu'on joue aujourd'hui dans leur version pour piano, furent primitivement écrits pour flûtes et harpes.

La seconde représentation du *Fils des étoiles*, en mars 1892, provoqua de graves dissensions au sein de la Rose + Croix, Antoine de La Rochefoucauld ayant fait remplacer à la direction de l'orchestre le « commandeur » Ludwig Benedictus par un vulgaire profane... Charles Lamoureux. Erik Satie ne tarda pas non plus à se brouiller avec le Sâr Péladan ; non seulement celui-ci ne cessait de lui rebattre les oreilles de Wagner, dont il fallait prendre le modèle pour toute chose musicale, mais il revendiquait *urbi et orbi* la véritable paternité spirituelle des œuvres de son obéissant disciple. Dans le *Gil Blas* du 14 août 1892, Satie rompait avec éclat avec Péladan et publiait une longue « Épître » en (faux) ancien français. Il y proclamait notamment :

> Car s'y dois être l'élève de quiconque croys pouvoir dire que c'est de nul autre que moy.

Quand on connaît le sens de l'humour d'Erik Satie, on penserait volontiers qu'il ne prit pas au sérieux son épisode rosicrucien. Ce serait une erreur : les œuvres qu'il composa après sa rupture avec le Sâr demeurèrent, pendant des années, marquées de l'esprit ésotérico-symbolico-mystique qui l'avait conduit à la Rose + Croix de Péladan. On citera ainsi le *Prélude d'Eginhart* et les deux *Préludes du Nazaréen* (1892), les *Danses gothiques* (1893), le *Prélude à la porte héroïque du Ciel* (1894) et la *Messe des pauvres* (1894), sans parler des fragments connus sous le nom de *Pages mystiques* ou l'effarant *Upsud,* « ballet chrétien » en trois actes. En fait, l'aventure d'Erik Satie semble assez caractéristique d'une quête spirituelle à laquelle ne s'intéressait pas plus l'Église catholique que la franc-maçonnerie, absorbées l'une et l'autre, l'une contre l'autre, par les luttes temporelles.

Mais est-on jamais sûr de rien, avec Erik Satie ? S'il ne plaisantait pas avec cette quête spirituelle, que faut-il donc penser de l'Ordre qu'il fonda lui-même en 1893, à peine déliés ses liens avec le Sâr Péladan : l'Église métropolitaine d'art et de Jésus conducteur ? Par la complexité et la richesse de sa hiérarchie, cette « Église », dont l'organe était *Le Cartulaire,* l'emportait de loin sur la Rose + Croix du Sâr Péladan, celle de Stanislas de Gaïta ou les grades de la franc-maçonnerie écossaise, templière et égyptienne. Par le nombre (espéré) de ses membres, elle écrasait même l'Église catholique apostolique et romaine. On y trouvait en effet :

17 grands dignitaires : Grand Parcier (le chef de l'Ordre), Grand Définiteur, Grand Pénédent, Grand Cloistrier, Grand Pénéant et dix définiteurs.

75 dignitaires : 25 pénédents et 50 cloistriers.

40 200 officiers claustraux : 200 pénéants blancs et 40 000 pénéants gris.

9 600 000 chevaliers, soit 8 000 000 pénéants noirs profès et 1 600 000 pénéants noirs convers.

Enfin, en y comprenant les titulaires des grades pré-cités, l'Église métropolitaine d'art et de Jésus conducteur comptait exactement 1 608 040 290 membres auxquels s'ajoutaient encore ceux de deux Ordres particuliers qui lui étaient associés : les 113 membres de l'ordre des Chevaliers du

Torcol et les 57 membres des Humulins ou Chevaliers de Terre Sainte.

Comme on l'a peut-être deviné, Erik Satie s'était lui-même désigné Grand Parcier et souverain absolu de ses 1 608 040 460 fidèles. On comprend que cette charge considérable ne lui ait guère laissé le temps de composer les musiques rituelles de son Ordre...

XV

Suomi n° 1

La franc-maçonnerie avait gagné très tôt la Finlande, alors possession du royaume de Suède. Dès 1756, la première loge, Saint Augustin, se créait à Helsingfors (Helsinki) et une seconde, Suomi (« Finlande » dans la langue vernaculaire), apparut en 1809. Les états de ces loges attestent de la présence d'environ cinq cents membres, effectif relativement important pour un pays encore peu peuplé. En 1808, cependant, la Finlande fut annexée par la Russie et l'ukase d'Alexandre Ier s'y appliqua comme partout dans l'Empire russe : la franc-maçonnerie, interdite, disparut à partir de 1822.

À peine l'indépendance reconquise sur les Soviets (1920), huit Finlandais, qui avaient été reçus francs-maçons aux États-Unis, demandèrent à la Grande Loge de l'État de New York une « patente » pour la constitution d'une loge dénommée Suomi n° 1. Le 18 août 1922, cette loge fut installée par le Grand Maître de cette obédience américaine et vingt-sept candidats, choisis sur une liste de quatre-vingts postulants, furent reçus successivement aux trois grades d'apprenti, de compagnon et de maître. La cérémonie, on s'en doute, fut fort longue : commencée à dix heures du matin, elle dura jusqu'à sept heures du soir... avant que tout ne s'achève par un banquet. Beaucoup de célébrités finlandaises figuraient parmi ces premiers membres de Suomi n° 1 et, notamment, Jean Sibelius.

Sibelius, alors dans sa cinquante-septième année (il était né le 12 décembre 1865), avait presque achevé son œuvre. Considéré dans le monde entier comme l'un des plus grands musiciens de son temps, cette notoriété se doublait, dans son pays, de celle d'un véritable héros national, symbole et chantre de l'âme finlandaise. Militant résolu de l'indépendance de son pays, sa musique pour une série de « Tableaux historiques » avait connu, en 1899, un retentissement comparable à celui de *La Battaglia di Legnano* de Verdi à Rome, quarante années plus tôt. Sibelius en tira, peu après, l'une de ses œuvres les plus célèbres, le poème symphonique *Finlandia*.

On pensera peut-être que l'engagement maçonnique d'une personnalité comme Sibelius avait été quelque peu sollicité et que, compte tenu de son caractère réservé, taciturne, volontiers solitaire, la carrière du compositeur dans la société n'alla guère au-delà de la consécration officielle du 18 août 1922. Il n'en est rien. Dès le soir de cette cérémonie, au banquet, les propos qu'il tint à son vis-à-vis, l'Américano-Finnois Nekton[1], témoignèrent que la cérémonie l'avait profondément impressionné. Sibelius, qui, à son habitude, n'avait pas dit un mot, demanda soudain à Nekton : « Comment est-il possible qu'après les solennités de ce jour, nous puissions ici festoyer si gaiement ? » Et de paraître soulagé quand son interlocuteur lui répondit : « Parce que la franc-maçonnerie nous rend naturel dans la joie comme dans la gravité. »

En réalité, Sibelius prit très au sérieux son engagement. Il participa activement aux travaux de sa loge (dont il était, bien sûr, l'organiste) et, lorsqu'en 1924 la Grande Loge de Finlande, obédience nationale et souveraine, fut installée, il

1. Nekton a rapporté ces propos dans *Transactions of the American Lodge of Research,* vol. VI.

dirigea la partie musicale de la cérémonie en compagnie de son ami Wäinö Sola, chanteur et chef d'orchestre de l'Opéra de Finlande. Mieux encore, ce fut pour la franc-maçonnerie et pratiquement pour elle seule qu'il dérogea à sa décision de renoncer à la composition après sa soixantaine : hormis quelques pièces mineures, ses dernières œuvres, notamment *Tapiola* et la musique de scène pour *La Tempête* de Shakespeare, furent publiées en 1926 et Sibelius laissa inachevée, si tant est qu'il l'entreprit vraiment, sa *Huitième Symphonie*.

Sur la pression des membres de Suomi n° 1, et notamment de Wäinö Sola, qui regrettaient de ne conserver aucune trace des improvisations de leur organiste, Sibelius composa ce que l'on pourrait appeler son « chant du cygne », l'opus 113 qui porte dans son catalogue le titre français de « Musique religieuse ». À l'origine, ce recueil comprenait 9 pièces, créées en partie le 5 janvier 1927 et en totalité le 12 janvier suivant dans la loge Suomi n° 1. En 1938, Sibelius adapta le thème de *Finlandia* sur des paroles de Wäinö Sola pour en faire un hymne qui devint immédiatement l'un des chants favoris de la franc-maçonnerie finlandaise. En octobre et décembre 1946, il y ajouta encore deux pièces : une ode à la fraternité et un hymne de louanges. Enfin, en 1950, Sibelius, à quatre-vingt-cinq ans (il vécut jusqu'en 1957) révisa et réorganisa son opus 113 pour l'édition définitive, publiée (à usage interne) par la Grande Loge de l'État de New York. On y adjoint parfois, selon les circonstances, quelques autres pièces que Sibelius n'avait pas composées pour Suomi n° 1, mais qu'il y faisait souvent entendre, en particulier l'impromptu n° 1, op. 5 (1893) et l'intrada n° 1, op. 111 (1925), seule œuvre, en dehors de l'opus 113, qu'il écrivit jamais pour orgue.

En dehors même de l'intérêt musical de ces pièces, d'une grave et rigoureuse beauté, il nous a paru utile de donner ici quelques détails sur le contenu de cet opus 113. D'une part, en effet, ces dernières œuvres laissées par Sibelius sont pratiquement inconnues en dehors de la Finlande, où elles figurent parfois au programme de concerts publics. Il en existe certes plusieurs enregistrements [1], mais, en théorie du moins, les institutions maçonniques qui les ont réalisés les réservent à leurs membres et s'il n'est pas impossible de se les procurer, leur recherche exige de sérieux efforts... D'autre part, il s'agit ici, pour une fois, d'une véritable « musique maçonnique », destinée expressément aux « travaux » en loge et non, comme au XVIIIe siècle, aux réjouissances post-prandiales. Pour cela, Sibelius a tenu compte des effectifs habituellement disponibles dans une loge maçonnique (un baryton et/ou un ténor, un chœur d'hommes et un orgue) ainsi que des aptitudes instrumentales ou vocales des exécutants. D'une manière générale, à vrai dire, l'écriture reste très proche de celle du choral luthérien, familier aux maçons finlandais ; la règle du syllabisme imposée par la Réforme (une note par syllabe et une syllabe par note) est presque toujours respectée.

Selon les enregistrements, l'ordre des pièces ainsi que leur affectation aux différentes parties ou aux différentes cérémonies prévues par le rituel varient parfois sensiblement. Il en est de même des traductions anglaise et allemande du texte original, auquel notre méconnaissance de la redoutable langue finnoise ne nous a pas permis d'accéder. Nous donnons ici les 12 pièces de l'opus 113 dans l'ordre de l'édition de 1950, préférence étant accordée à la version anglaise, puisque cette édition, approuvée par Sibelius, fut publiée par les soins de la Grande Loge de New York :

1. Un adagio introductif pour orgue solo (ouverture de la loge), sur un thème très simple, très brièvement développé et répété.

2. Une ode pour baryton, avec orgue obligé, sur un poème de Schiller. De manière sobre, mais très expressive, presque

1. Notamment plusieurs versions réalisées par la loge Suomi n° 1 elle-même dont la plus récente (à notre connaissance) est celle de 1982 (textes chantés en anglais), une version (en allemand) éditée par la Grande Loge allemande A F & A M en 1979, et une version américaine — la meilleure peut-être encore à cette heure —, produite à Seattle (États-Unis).

dramatique, c'est une invocation à la lumière céleste qui dissipe les ténèbres de la terre des hommes.

3. Un hymne pour chœurs, précédé par une introduction assez développée à l'orgue, sur un court texte de Confucius. Celui-ci (le seul qui ne soit pas dû à un franc-maçon !) évoque l'inéluctabilité du temps et de la mort mais rappelle que le sage sait « trouver en son cœur la consolation et l'espoir ».

4. Une pièce composée d'une petite marche pour orgue solo sur un rythme assez vif, suivie d'un premier développement (Trio I), puis d'un second (Trio II) qui accompagne un court lied de Goethe chanté par le baryton :

> Celui qui trempe son pain de ses larmes,
> Qui veille sans sommeil des nuits de peine et de chagrin,
> Qui ignore repos, espoir et réconfort,
> Il ne Te connaît pas, Ô lumière du Ciel.

La pièce s'achève par une reprise de la marche initiale.

5. Une ode pour baryton ou ténor solo, avec accompagnement d'orgue, sans doute écrite pour la clôture de la loge. Très brève, d'un lyrisme à la fois très simple et très convaincant, elle se coule d'une pièce sur un texte d'un franc-maçon finlandais, August Simelius : « Combien belles sont la Terre et la Vie / Combien glorieux le Ciel... »

6. Un très bel hymne pour baryton solo ou pour quatuor de voix d'hommes, composé sur un texte du grand poète suédois Viktor Rydberg (1828-1895), membre de la loge Salomon de Göteborg et dont la traduction du *Faust* de Goethe passe pour un modèle du genre. La musique de Sibelius, très chantante, bien articulée, met admirablement en valeur le poème : « En avant, frères, vers la lumière / Cette lumière que le Seigneur nous a donnée pour guide. » Il existe une orchestration de la partie d'orgue, réalisée aux États-Unis, où cette pièce connaît une grande popularité.

7. Un lied pour baryton solo, d'une grande simplicité, soutenu à l'orgue de manière à peine plus ornementée. Le texte est emprunté ici aussi à un poème de Viktor Rydberg :

« Celui qui chérit la justice au plus profond de son cœur / A dans son âme le germe du bonheur. »

8. Un chœur, sobrement accompagné par l'orgue, sur un poème de Samuli Sario, ancien Vénérable de la loge Suomi n° 1 et qui chante les bienfaits de la fraternité. Cette pièce, comme la suivante (n° 9), fut ajoutée en 1946 au recueil de 1927 et correspond donc à l'ultime retour de Sibelius à la composition. Selon Arthur Sharp, qui a analysé en détail l'opus 113 (*Actes de la loge anglaise d'études et de recherches Quatuor Coronati*, vol. 75, 1962), il s'agit d'une paraphrase du psaume 133 (132) : « Voyez qu'il est doux / D'habiter en frères tous ensemble ! », fréquemment chanté dans la franc-maçonnerie britannique.

9. Un hymne de reconnaissance pour ténor, chœur et orgue, de la même date et également sur un texte de Samuli Sario. Bien que fort brève, la partition présente un caractère nettement plus complexe et extraverti que la plupart des autres pièces du recueil : après les premiers vers chantés par le soliste, le chœur, mezzo voce puis pianissimo, se joint à lui et l'orgue conclut, seul, par une série d'accords très caractéristiques.

10. Cette seconde pièce pour orgue solo porte le titre français de *Marche funèbre*, dénomination assez surprenante car ni le caractère, ni le tempo ne suggèrent un cortège ou une déambulation de cette nature. S'il s'agit bien d'une marche, son allure évoque davantage une procession de dignitaires et son écriture se prêterait aisément à une orchestration brillante.

11. Un hymne de facture très classique sur un texte de Simo Korpela, pasteur célèbre en Finlande pour ses nombreux textes de cantiques (plus d'un millier) et père du romancier Jorna Korpela. Il peut être chanté, selon le cas, par un soliste, un chœur à l'unisson ou un chœur à quatre voix.

12. La dernière pièce de l'opus 113 de Sibelius, ajoutée en 1938, a moins un caractère maçonnique que patriotique. C'est en effet une adaptation de *Finlandia* sur les paroles de

Wäinö Sola : « Que Ta grâce, Ô Seigneur, qui fait renaître le jour à chaque aurore, se répande sur notre pays ! ». En dépit de sa popularité, il ne s'agit pas de l'hymne officiel finlandais, mais on notera, une fois de plus, l'abondance de la contribution des compositeurs francs-maçons (Mozart, Haydn, Arne, Stafford Smith, Rouget de l'Isle, Campenhout, etc.) au répertoire du chant patriotique.

Dans la mesure où la comparaison est possible (et l'on verra, au chapitre suivant, que la « loi du silence » ne le permet pas toujours), l'association de l'institution maçonnique et de l'activité musicale semble demeurer, en Finlande, particulièrement vivace. Ainsi, c'est par un concert de musique sacrée que commencèrent tout naturellement, en 1984, les festivités du 60e anniversaire de la fondation de la Grande Loge de Finlande. La cérémonie elle-même comportait une importante partie musicale avec un programme d'œuvres de Sibelius, mais aussi de compositeurs contemporains tels que Joones Kokkonen (né en 1921) et Bengt Johansson (né en 1914). On doit du reste à ce dernier un recueil spécialement écrit pour les travaux de loge (ceux du grade de « maître maçon de la Marque »), *Rituaalmusikia* (1973). Cette œuvre, enregistrée en 1981 par les soins des institutions maçonniques finlandaises, comprend une douzaine de pièces de caractères divers, dont dix pour orgue solo.

XVI

La loi du silence

Quand il s'agit de la franc-maçonnerie, l'histoire récente présente bien plus de difficultés que celle du passé. Les archives des loges ne sont pas accessibles et, si sa rigueur varie sensiblement selon les pays, la « loi du silence » qui protège les musiciens, comme les autres membres de la société, ne simplifie guère le travail du chercheur. Celui-ci ne saurait pas plus se fier à des rumeurs sur la qualité maçonnique de tel ou tel musicien de notre siècle qu'aux légendes à propos de Gluck ou de Schubert. Aussi ce chapitre consacré à la période contemporaine comporte-t-il, inévitablement, d'importantes lacunes.

Les transformations de la vie musicale depuis le début du XIXe siècle accroissent encore ces difficultés. Comme on l'a déjà souligné, le rôle des institutions maçonniques dans la création et la production, capital au siècle des Lumières, s'est trouvé relayé, et même supplanté, par de nouvelles structures professionnelles : orchestres stables, agences de concert, grands éditeurs de musique, etc. Dans le monde de la musique, de plus en plus étendu, l'action de la franc-maçonnerie apparaît de plus en plus marginal. En retour, il semble que les musiciens aient éprouvé moins d'attraction qu'au XVIIIe siècle pour une société dans laquelle leur art n'était plus une préoccupation essentielle. Certes, comme le montre l'exemple de Sibelius et des loges finlandaises, il s'en faut que la franc-maçonnerie ait renoncé à toute pratique musicale, mais celle-ci ne se traduit plus par des institutions aussi caractéristiques que la Philo-musicae et Architecturae Societas ou les concerts de l'Olympique de la parfaite estime.

Les formes de cette activité varient, du reste, selon les traditions nationales des diverses institutions maçonniques. Ainsi, dans les pays anglo-saxons, et singulièrement en Grande-Bretagne, se perpétue la règle de consacrer exclusivement les « travaux » de la loge aux cérémonies maçonniques (dans lesquelles la musique, instrumentale, ne joue qu'un rôle très secondaire), les intermèdes musicaux étant réservés aux banquets ou à certaines occasions exceptionnelles (commémorations, jubilés, etc.). En France, en revanche, s'est poursuivi l'usage, introduit par la loge des Neuf Sœurs dès les dernières décennies du XVIIIe siècle, d'intercaler dans ces travaux des conférences sur divers sujets ou des pièces musicales.

Ce style national est si marqué qu'on ne s'étonnera pas de voir des loges américaines participer, ès qualités, à de grandes parades publiques dans le plus pur goût hollywoodien. Ainsi, la Grande Loge de Californie participait-elle aux festivités du tournoi des Roses donné pour le nouvel an 1993, avec une attraction intitulée « Les Maçons et la musique »[1] et composée de trois gloriettes flottantes reliées par deux passerelles. Dans la première gloriette se produisait, avec sa famille, la vedette du Country and Western Ferlin Husky, membre de la loge Madison n° 762 de Madison, Tennessee. Dans le deuxième pavillon, d'autres musiciens francs-maçons jouaient les œuvres du frère John Philip Sousa (1854-1932), compositeur très populaire aux États-Unis (et ailleurs) pour ses marches, dont la célèbre *The Star and Stripes Forever*. Enfin, dans le troisième kiosque, des membres de la loge

1. *The Northern Star* (février 1993).

Silver Trowel n° 415 (« La truelle d'argent ») de Los Angeles, formée en grande partie de musiciens, interprétaient du Mozart.

Il faut cependant préciser que les manifestations de ce genre, assez fréquentes, sont toujours organisées dans un but de bienfaisance et d'action humanitaire, cette tradition originelle de la franc-maçonnerie ayant conservé toute son importance dans les pays anglo-saxons. Aux États-Unis, la personnalité qui symbolise le mieux une telle préoccupation est certainement le chef d'orchestre et compositeur Serge Koussevitzky (1874-1951), membre de l'Oriental Lodge d'Indianapolis et titulaire du grade suprême du rite écossais. D'origine russe, installé à Paris, puis à Boston en 1924, il ne cessa de consacrer son talent (et sa fortune) à l'encouragement de la création musicale. Parmi les innombrables œuvres dont il fut l'initiateur, le mécène et souvent le créateur, on peut citer, pêle-mêle, *Pacific 231* d'Honegger, le Concerto pour orchestre de Bartok, *Peter Grimes* de Britten, la *Symphonie de psaumes* de Stravinsky et la *Turangalîla-Symphonie* de Messiaen. Il constitua, auprès de l'Unesco, le Fonds musical international d'entraide aux compositeurs.

Les manifestations musicales extérieures de la franc-maçonnerie britannique sont, bien entendu, moins spectaculaires que celles de la Grande Loge de Californie. Il s'agit, pour l'essentiel, de concerts ou d'enregistrements au profit des maisons de retraite, hôpitaux et autres institutions financées, en totalité ou en partie, par les loges britanniques. Quelque louable qu'en soit l'objet, ces activités ne relèvent cependant pas d'une pratique musicale spécifique de la franc-maçonnerie. En revanche, la franc-maçonnerie britannique est la seule, à notre connaissance, qui dispose pour ses « pompes et circonstances » d'un recueil complet de musique notée, *Masonic Lodge and Chapter Music*. Il ne s'agit pas d'un recueil d'usage obligatoire ni même de caractère officiel, mais ses qualités pratiques les destinent, à l'évidence, à une très large diffusion. Constamment réimprimé chez un éditeur spécialisé dans les ouvrages maçonniques, il est publié avec beaucoup de soin et d'une remarquable lisibilité ; du point de vue technique, les morceaux, de difficulté très moyenne, constituent d'excellents sujets d'improvisation pour les organistes les plus expérimentés.

Les partitions de *Masonic Lodge and Chapter* correspondent à toutes les occasions de la vie maçonnique anglaise : entrée et sortie en cortège des officiers de la loge, entrée des « visiteurs distingués », cérémonies aux trois grades, installation du Vénérable, votes, etc. Dans la plupart des cas, plusieurs partitions, de difficulté différente, sont proposées à l'organiste. Leurs auteurs sont des compositeurs célèbres qui n'étaient pas tous, au demeurant, francs-maçons : Mendelssohn, Haendel, Haydn, Schubert, Beethoven, Wesley, Boyce, Hummel, Spohr, Sterndale Bennett, Gounod, etc. Les autres pièces, très classiques, portent la signature d'un Stevens que nous n'avons pu identifier exactement faute de prénom — il existe en effet au moins trois compositeurs de ce nom.

Toutes les pièces destinées aux « travaux » proprement dits sont instrumentales : la Grande Loge unie d'Angleterre n'a pas cessé de réaffirmer au XXe siècle la règle selon laquelle « les hymnes ne font pas partie du rituel ». Cette règle a pour but d'éviter qu'un texte chanté ne déroge au principe fondamental de la société : nul maçon ne saurait être « un athée stupide ou un libertin irréligieux », mais rien ne doit, en revanche, pouvoir choquer ses convictions religieuses, quelles qu'elles soient. On trouve cependant dans *Masonic Loge and Chapter Music* les paroles et l'accompagnement (avec variantes) de plusieurs chants du répertoire de base de la franc-maçonnerie britannique [1]. En dehors de l'obligatoire *God Save the Queen* et du chant traditionnel de l'apprenti de 1723, il faut citer ceux qui jouissent d'une grande faveur dans les loges :

---

1. De manière générale, et pour diverses raisons, la pratique chorale reste beaucoup plus populaire en Grande-Bretagne qu'en France. Une seule visite dans un *pub*, un samedi soir, permet d'en faire l'expérience...

• L'ode d'ouverture et l'ode de clôture de la loge. Les textes de Walter Clegg, un franc-maçon de Boston, Lincolnshire, sont le plus souvent chantés sur des airs empruntés aux *Hymns Ancient and Modern* (respectivement le n° 260, « St Bees » et le n° 274, « St Oswald »), l'un et l'autre du révérend John Bacchus Dykes (1823-1876).

• Les Grâces, chantées comme il se doit à la fin du dîner. Selon J.-M. Hamill (« Vocal Music in Craft Ceremonies and after Proceedings », *Ars Quatuor Coronatorum* n° 88, 1975), la musique serait tirée d'un très vieux chant médiéval, *Alla Trinata Beata*, colligé en 1310 à Florence.

• Le chant pour les frères absents, entonné traditionnellement lors du dîner, à neuf heures du soir. L'air est emprunté à un hymne du compositeur et théoricien britannique Ebenezer Prout (1835-1909), dont nous ignorons la qualité maçonnique éventuelle.

• Le chant en l'honneur du Vénérable. Il ne s'agit pas de celui des *Constitutions* de 1723, d'intonation assez délicate et dont on se souvient qu'il ne comportait pas moins de 28 couplets séparés par autant de refrains repris en chœur... Le texte, dû à Richard Rome Bealey, franc-maçon de l'époque victorienne (1828-1887), est généralement chanté sur une musique d'un ami et contemporain du poète, John Morgan Bentley.

• *Masonic Lodge and Chapter Music* comprend enfin une chanson extrêmement populaire dans la franc-maçonnerie britannique, *The Level and the Square* (« Le niveau et l'équerre »). Nous ne savons rien de l'auteur (Rob Morris) ni du compositeur (Ossian E. Dodge), mais le succès de cette œuvre s'explique aisément par son rythme à 6/8, très entraînant, et par le texte qui reprend les thèmes favoris du chansonnier maçonnique traditionnel :

Nous nous rencontrons sur *le Niveau* mais sommes de toute [condition
Le riche vient de son palais, le pauvre de sa maison,
Celui-là laisse son or et sa splendeur à la porte de la loge

Et sur le pavé mosaïque, celui-ci se sent pleinement respecté.
Nous nous séparons sur *l'Équerre*, car la vie continue,
Et nous nous perdons dans la foule, frères fidèles et vrais,
Mais le souvenir de nos rencontres reste vivace en la [mémoire,
Impatients d'en renouveler le bonheur sur *le Niveau*...

On a vu qu'à la différence de l'usage anglo-saxon, les loges françaises inscrivent en général à leur ordre du jour des activités de nature diverse (conférences, débats, etc.). Les principales obédiences françaises ont été ainsi conduites à publier à l'avance ces programmes à l'intention des membres de la loge et des visiteurs éventuels. Ces « bulletins », hebdomadaires ou bi-mensuels, dont il existe une collection pratiquement complète depuis le début du siècle, constituent une source inestimable d'informations pour l'étude des relations entre la franc-maçonnerie, les musiciens et la musique à notre époque. Certes, ces bulletins ne donnent que les programmes des loges de la région parisienne (un gros tiers des loges du territoire métropolitain). Mais, en raison de la centralisation de la vie artistique de notre pays, du moins jusqu'à une époque récente, la très grande majorité des professionnels de la musique restaient concentrés autour de Paris et l'on peut supposer qu'il en était de même de ceux qui appartenaient à la franc-maçonnerie. Il n'y a d'ailleurs aucune raison de penser que, dans ce domaine particulier, la nature, sinon la fréquence des pratiques musicales en province fussent très différentes de celles de la région parisienne. En tout état de cause, les résultats du dépouillement systématique de ces documents font apparaître des tendances si nettes qu'il semble difficile d'en contester le caractère significatif.

L'activité musicale de la franc-maçonnerie française a considérablement varié au cours de ce siècle. Les années de l'occupation et du régime de Vichy, pendant lesquelles la franc-maçonnerie fut dissoute et interdite ont nécessairement introduit une césure entre les deux moitiés du siècle. Mais on peut se demander si, dans le domaine qui nous intéresse, ce changement n'est pas davantage encore attribuable à l'évolution du métier de musicien et à celle des techniques de reproduction sonore.

Nous analyserons donc séparément la période antérieure et la période postérieure à la Seconde Guerre mondiale. En fait, comme le montre le tableau de synthèse de la page suivante, on constate une très nette augmentation de l'activité musicale des loges après le conflit de 1914-1918 et nous avons subdivisé en deux sous-périodes les quarante premières années du siècle :

	Période 1900-1920	Période 1921-1940
Conférences sur la musique ou avec musique	27 (36 %)	60 (33 %)
Matinées ou soirées récréatives	30 (41 %)	46 (25 %)
Concerts de bienfaisance	6 (8 %)	3 (2 %)
Tenues spéciales avec musique	11 (15 %)	22 (12 %)
Cérémonies avec musique	0	52 (28 %)
Total de la période	**74** (100 %)	**183** (100 %)

Il semble hasardeux d'avancer une explication simple à cet accroissement subit de l'intérêt de la franc-maçonnerie française pour la musique. Certains éléments tiennent probablement à des facteurs propres aux institutions maçonniques et que nous ne sommes pas en mesure d'analyser. D'autres reflètent sans doute l'évolution générale de la vie musicale : le foisonnement, parfois anarchique, des concerts de toute nature (il y eut à Paris, à la fin des « années folles », huit grandes associations symphoniques concurrentes), les débuts de la TSF et le développement de l'enregistrement sonore même si, comme on le verra, l'utilisation du disque dans les loges n'apparaît que de manière très exceptionnelle avant la Seconde Guerre mondiale.

On observe, du reste, quelques variations à l'intérieur des sous-périodes. L'époque la plus riche se situe entre 1926 et 1933 : ces huit années comptent pour plus de la moitié des manifestations musicales de l'ensemble de ce demi-siècle avec un maximum en 1930 (22) et en 1933 (28). On notera que l'année 1936, fertile en événements politiques, le fut beaucoup moins dans le domaine de la musique (11 manifestations seulement).

Ce tableau général doit être complété par les tendances particulières aux diverses formes de pratique musicale que nous avons pu distinguer :

Conférences sur la musique ou avec musique :

Cette formulation assez compliquée correspond en effet à plusieurs variétés du genre, dont l'une assez surprenante. La plus classique est, bien entendu, la conférence sur un sujet musical suivie d'un concert à but d'illustration. Parfois (en fait, assez rarement) la conférence n'introduit pas de concert ; c'est le cas lorsque le sujet s'avère excessivement général, tel que « La musique au point de vue de l'évolution sociale » (loge Victor Hugo, 9 avril 1907) ou « La musique et l'humanité » (L'Équité, 17 mai 1933) ; d'autres fois, l'éminence du conférencier impose que le temps de parole ne lui soit pas mesuré, comme pour l'exposé du grand musicologue Jacques-Gabriel Prodhomme (1871-1956) sur « Wagner, l'homme, le musicien, le poète » à la loge Les Neuf Sœurs, le 27 février 1914. Enfin, il arrive que le conférencier ne trouve pas d'artiste pour l'accompagner, comme pour cette « planche » sur « Mozart et *La Flûte enchantée* » dans une loge plus éloignée de Paris, L'Étoile neustrienne de Vernon, le 9 juillet 1933.

C'est surtout entre les deux guerres que se développe le curieux genre auquel on a fait allusion plus haut. Il s'agit de conférences suivies d'un concert dont le programme n'a peu ou pas de rapports avec le sujet de l'exposé. En voici quelques exemples parmi les plus pittoresques :

- Conférence publique et gratuite du 18 mars 1906 (Grand Orient de France) : « L'évolution des phénomènes sociaux », le concert comprenant, en première partie, un quatuor de Beethoven (sans autre précision) et un « festival Bizet ».

- Tenue blanche (c'est-à-dire une tenue à laquelle des « profanes » sont admis comme participants ou comme auditeurs) du 5 décembre 1916 : « Les finances de la France, l'emprunt de la victoire ». La partie musicale, fort abondante, comprenait une étude et une polonaise de Chopin, un air de *Samson et Dalila* de Saint-Saëns et *La Marche rouge* de Gauwin (?), des extraits de l'*Hérodiade* et de *Marie-Magdeleine* de Massenet, d'*Henri VIII* de Saint-Saëns, de *Fortunio* de Messager, « Précieuse » de Couperin, « Berceuse » de Fauré, *Poème hongrois* de Jenö Hubay (1858-1937), le duo d'*Hamlet* d'Ambroise Thomas et, pour finir, le *Chant du départ,* le tout entremêlé de couplets patriotiques (« Les Petites Croix rouges de Sabarach », « Le Chien du Boche », etc.).

- Tenue collective du 17 avril 1924 : « La démocratie des consommateurs », suivie d'une « séance de musique classique ». On y donna le trio pour piano, violon et violoncelle en *ré* mineur (*sic*)[1] de Beethoven, un extrait de *Lohengrin,* une mélodie de Duparc, un air de *Joseph* de Méhul, la cavatine du *Roi d'Ys* et le trio en *sol* mineur (*sic*)[1] de Lalo. Au milieu du concert, on put goûter un « intermède par le F∴ Maureal, Excentric-Musical ».

- Enfin, on constate parfois la recherche d'une certaine cohérence comme dans cette tenue de La Rose écossaise (Grande Loge de France), le lundi 23 mars 1931, où la conférence intitulée « De l'effritement de l'État moderne », fut suivie d'extraits de *Patrie,* d'Émile Paladilhe (1844-1926), opéra qui avait triomphé lors de sa création en 1891.

1. Ni Beethoven ni Lalo n'ont écrit de trio dans ces tonalités.

À vrai dire, l'association d'une conférence et d'un concert peu assorti semble s'expliquer souvent (mais non pas toujours) par la nature de la manifestation ouverte, en partie ou en totalité, au public, la partie musicale ayant pour but, à l'évidence, d'attirer des auditeurs que l'austérité du sujet risquait de rebuter.

Matinées ou soirées récréatives

En général, il s'agit de fêtes familiales qui réunissent les membres d'une ou plusieurs loges et leurs familles. Leur déroulement est en général similaire : quand elles ont lieu dans la journée, un déjeuner suivi d'une « partie artistique », celle-ci précédant un bal quand elles prennent place le soir. Le programme musical, qui fait à l'occasion intervenir des amateurs, comporte aussi bien des chansons que de la « musique de genre » ou des morceaux plus classiques, tirés la plupart du temps du répertoire lyrique à la mode. Il est du reste rarement précisé dans le *Bulletin hebdomadaire* qui se borne à annoncer : « Concert avec le concours assuré des principaux artistes de Paris ». La « Grande matinée artistique » organisée par Les Frères unis inséparables, le dimanche 16 novembre 1924, par exemple, donne néanmoins une idée de ce répertoire : *Maison à vendre*, opéra-comique en un acte de d'Alayrac, un air du *Barbier de Séville*, « La chanson de Fortunio » d'Offenbach, deux monologues (par M. Léon Joubert, du Trianon-Lyrique), « Les chansons de mon village » de Jac Nam (?), un air de *La Fille de Madame Angot* de Lecocq et « La poupée chérie » de Déodat de Séverac. Comme on l'a vu dans le tableau de la page 206, l'importance relative (mais non le nombre en valeur absolue) de ces manifestations décroît fortement entre les deux guerres. Autant qu'il soit possible d'en juger, il semble que le niveau du répertoire s'élève sensiblement au cours de cette deuxième période.

Concerts de bienfaisance

Ces manifestations, pour relativement rares (une dizaine en tout de 1900 à 1939), ont un caractère assez divers.

Certaines ne diffèrent guère, en ce qui concerne leur programme, de la précédente catégorie. D'autres sont des « concerts classiques » de type habituel.

Tenues spéciales avec musique

Nous avons regroupé dans cette catégorie des manifestations, parfois « blanches » mais plus souvent strictement maçonniques, consacrées à une occasion exceptionnelle : installation d'une nouvelle loge, anniversaire, cérémonie funèbre, commémoration d'un grand homme ou d'un événement majeur, etc. Le principe de ce genre de réunions, qui comportent presque toujours une partie musicale, ne diffère pas de celui de l'apothéose funèbre de Voltaire ou de la fondation de la Grande Loge de Finlande, à laquelle participait Sibelius. Le niveau du répertoire s'avère tout naturellement assez relevé et les deux exemples suivants sont très représentatifs [1] :

• Tenue de la loge Pro Solis « à la mémoire du F∴ Joffre, maréchal de France », le 13 février 1931 : « Marche solennelle », de Jemain ; « In questa tomba », « Marche funèbre » et « Adagio pathétique » de Beethoven ; « Pleurez mes frères », de Schumann, « Mort d'Ase », de Grieg ; « Hymne d'allégresse » de Jemain, « Chant des maillets », de H. Radiguer.

• Tenue solennelle internationale de la loge Cosmos (Grande Loge de France) à l'occasion de son cinquantenaire, le jeudi 8 juillet 1937 : *Washington March* et *President's March* (XXX), « Marche des prêtres de *La Flûte enchantée*, *Ode à la fraternité* (Paul Sumida), *La Chanson des Nations* (Francis Casadesus), un air et le choral de *La Flûte enchantée*, *Hymne à la paix* de Haendel, Marche d'*Athalie* de Mendelssohn.

1. On n'épiloguera pas sur les arrangements ni sur les titres de certaines pièces qui empêchent souvent de les identifier. Ces approximations étaient très courantes à l'époque et nullement caractéristiques des concerts maçonniques.

Cérémonies avec musique

L'emploi de la musique au cours des cérémonies spécifiques de la franc-maçonnerie (réception aux différents grades) constitue la nouveauté la plus frappante de la période postérieure à la première guerre mondiale. Ce caractère tardif confirme, une fois encore, que la notion de « musique maçonnique » est extrêmement relative. On constate du reste que toutes les œuvres exécutées sont tirées d'un répertoire rien moins que maçonnique, ou, dans quelques cas, de l'inspiration de compositeurs francs-maçons de l'époque. En voici trois exemples, très représentatifs, correspondant aux cérémonies de chacun des grades :

• Loge L'Humanité, « initiation rituélique avec colonne d'harmonie, 28 mars 1924 : « Marche » (Schubert), Prélude du « Déluge » (Saint-Saëns), « Les Érynnies » (Massenet), *Première Arabesque* (Debussy), *Danse macabre* (Saint-Saëns), « La mort d'Ase » (Grieg), « Le cygne » (Saint-Saëns), *Petite Suite* (Debussy), air « Mon cœur soupire » des *Noces de Figaro*, « Marche des fiançailles » (Wagner).

• Loge La Prévoyance (Grande Loge de France), « initiation solennelle et rituelle au 2ᵉ degré », jeudi 6 mars 1930 : « Romance à l'Étoile » de *Tannhäuser* (Wagner), *Aria* pour violon (Bach), Romance du *Concerto pour violon* (Mendelssohn), *Pavane pour une infante défunte* (Ravel), *Symphonie en* mi *bémol*, Adagio et Andante (Mozart), *Chant des maillets* (auteur inconnu du XVIIIᵉ siècle, transcription du F∴ H. Radiguer), *Après un rêve* pour violoncelle (Fauré), *Nocturne* pour violoncelle et Andante du *Quatuor à cordes* (Tchaïkovski), *Symphonie en* ut *mineur,* 1ᵉʳ temps et final (Beethoven).

• Loge L'Effort : « tenue solennelle de maîtrise » du lundi 12 avril 1926 : « Marche funèbre » (Beethoven), *« Mort d'Ase » (Grieg), « Clair de lune » de Werther* (Massenet), *Sonate en* ut *dièse* (Beethoven), Marche de *Tannhäuser* (Wagner), *Pleurez mes frères* (Schumann, paroles de L. E. Gratia), *Chant de la paix* (J. Guinand), *Chant des maillets*.

Faut-il le préciser, toutes les œuvres sont citées dans leur formulation d'origine.

D'une manière générale, on est frappé par le petit nombre de compositeurs, voire de titres, qui reviennent sans cesse dans les programmes. Massenet se place très nettement en tête des préférences des francs-maçons français d'avant 1940, suivi par Beethoven, Saint-Saëns, Grieg, Bizet, Gluck, et Wagner (surtout pour *Tannhäuser*). Si l'on excepte les œuvres exécutées au cours de conférences qui lui sont spécialement consacrées, Mozart n'arrive qu'à un rang relativement modeste ; à vrai dire, qu'il s'agisse de concerts publics ou privés, on le donne alors beaucoup moins souvent qu'aujourd'hui, et dans un répertoire plus restreint. La plupart des contemporains brillent par leur absence. Ravel n'est guère représenté que par la *Pavane pour une infante défunte* et Debussy par ses œuvres les plus sages. Stravinsky, le Groupe des Six et, bien sûr, la seconde École de Vienne sont ignorés. En somme, le goût prudent, limité, de Français moyens moyennement mélomanes.

On n'oubliera pas, cependant, de compléter cette liste par celle des musiciens francs-maçons de l'époque qui harmonisent, transposent et composent tout un répertoire spécifique, adapté aux formations que les loges peuvent réunir : Jean Jemain, L. E. Gratia (dont on retrouve le nom pendant plusieurs décennies et qui, en 1936, expérimenta en loge un instrument de musique électronique, l'Ondium), A. Desenvaux, Robert-le-Grand, Junin (qui précise modestement : professeur de musique), Henri Goublier, Léon Moreau, 1er grand prix de Rome, et Louis Marand de la loge La Raison, qui publie en 1939 le recueil *Six chants initiatiques*, très chargé de symbolisme et qui permet de mesurer la différence avec les chansons bon enfant de la franc-maçonnerie britannique. Pour ces musiciens, la loge La Rose des septante lança, en 1928, un concours de composition d'une « musique pour une tenue solennelle d'initiation au 1er degré ». Le prix (mille francs et une plaquette en argent) fut remporté par Jean

Jemain, mais il ne semble pas que cette initiative, qui renouait avec la grande tradition de la franc-maçonnerie du XVIIIe siècle, ait été poursuivie par la suite.

À tous ces noms, on ajoutera ceux, plus célèbres, de Francis Casadesus (1870-1954), membre de la loge Ernest Renan et, surtout, du grand chef Otto Klemperer, membre de la loge Le Mont Sinaï (Grande Loge de France). Le 6 juillet 1936, il y commenta un récital de piano et, le 28 juin 1937, on y exécuta l'un de ses six quatuors (pour piano et cordes).

Pour la plupart, ces compositeurs participaient comme interprètes aux différentes manifestations musicales, en même temps qu'une foule d'autres exécutants, réunis au sein de l'Amicale du spectacle et capables de former, quand il le fallait, un orchestre de plus de cinquante musiciens. Si l'on ne trouve pas parmi eux d'illustres virtuoses internationaux, tous étaient des professionnels confirmés qui occupaient souvent la place de soliste ou de chef de pupitre dans les grandes sociétés de concert et l'Orchestre national. Il arriva d'ailleurs que les manifestations musicales publiques de la franc-maçonnerie fussent retransmises « par les stations de l'État français », tel le grand concert organisé le 21 février 1927 par La Rose des septante (extrêmement active dans le domaine musical) pour le centenaire de la mort de Beethoven. 180 interprètes concouraient à cette commémoration.

Il faut souligner, en effet, que pendant toute cette période et jusqu'à la veille de la Seconde Guerre mondiale, toutes ces auditions, y compris celles d'extraits destinés à illustrer les conférences les moins ambitieuses, étaient données en *live*. Au moins dans la région parisienne, le recours à des enregistrements sonores restait tout à fait exceptionnel. Encore apparaissait-il plus comme une attraction que comme un procédé de substitution. Ainsi, l'annonce de la fête annuelle de la loge Évolution économique et homme libre réunis (*sic*), le 2 mars 1930, précisait fièrement, en grosses capitales : « Le concert et le jazz seront diffusés au moyen d'une machine parlante “ Polyfar ” marque Polydor. »

À l'exception d'une brève mais féconde période, au début des années 1980, l'histoire musicale de la franc-maçonnerie française, au cours de la deuxième moitié du siècle, est considérablement plus succincte. Entre la reconstitution de la société, au lendemain de la guerre, et l'année 1980, les bulletins n'annoncent guère que des conférences (70 environ entre 1948 et 1980), dont presque la moitié sont consacrées à Mozart et à *La Flûte enchantée*. En fait, il devient très difficile de suivre les activités musicales des loges : le disque (reporté sans doute peu à peu sur cassette) supplante complètement les auditions de musique vivante et les programmes ne sont plus indiqués.

Pendant cette période, du reste, c'est au domaine discographique que ressortit l'unique contribution intéressante de la franc-maçonnerie française à la musique : la publication en 1973, à l'occasion du bicentenaire du Grand Orient de France d'un disque microsillon. Présenté par le Grand Maître de l'époque, le peintre Fred Zeller, il rassemble un « hymne du Grand Orient », un certain nombre de pièces pour orchestre d'Ivan Semenoff destinées à « accompagner » une initiation et, inévitablement, un air de *La Flûte enchantée*. Cette réalisation fut peut-être inspirée par une initiative similaire de la loge Les Amis philanthropes du Grand Orient de Belgique dès la fin des années 1960. Cette loge avait réalisé et édité un disque de « musique maçonnique » due à l'un de ses membres, Arsène Souffriau (né en 1926). Les onze pièces que comporte l'enregistrement belge méritent d'être citées : elles constituent un habile compromis entre l'attirance habituelle du compositeur pour la musique sérielle et électroacoustique et la nécessité de ménager le goût sans doute moins avancé de ses frères.

Le brusque regain d'intérêt pour la musique qui se manifeste en 1980 se traduit d'abord par une augmentation sensible du nombre des conférences (10 pour cette seule année) et par l'intérêt de certains sujets. On traitera, ainsi, de « Max Deutsch et le métier de musicien vécu ». Et, surtout, pour la première fois depuis deux siècles, une institution maçonnique française (en l'espèce, le Grand Orient de France) commande à des compositeurs dont beaucoup, semble-t-il, n'appartiennent pas à la société, des œuvres destinées au grand public. Il s'agit de sept opéras en un acte créés du 11 au 22 mai 1981 sous le titre général : « Guerres en musique ». Ce sont *Le Cercle,* de Françoise Salez ; *14 ou la Grande Guerre* et *Adi,* de Denise Aignerelle ; *L'Ogre et les taupes,* de Pierre Marietan ; *Otages,* de Marcel Schu ; *Le 7ᵉ jour,* de Maurice Benhamou et *8 h 16... Hiroshima* de Serge Marion.

L'expérience sera renouvelée, en 1982, dans les mêmes conditions, mais sous une forme encore plus ambitieuse. Trois opéras, mais de dimensions normales, avec un plateau relativement important (jusqu'à sept solistes et des chœurs) sont donnés chacun deux fois entre le 22 avril et le 7 mai 1982 : *La Main écarlate,* de Bernard Videau ; *Le Chevalier vermeil,* de Claude Ricard et *Prélude pour Faust,* de Roland Laurent.

En dépit du succès de ces manifestations (si l'on en croit les témoignages), il n'y eut pas de troisième festival maçonnique d'art lyrique. Depuis, la chronique se borne à rapporter quelques conférences publiques sur des sujets musicaux, des concerts de bienfaisance organisés par l'association maçonnique Les Trois Clefs dans le goût pour le moins mélangé d'avant-guerre et, en 1991, l'hommage obligatoire rendu à la mémoire du frère Mozart par les diverses obédiences. Pour le reste, la franc-maçonnerie française semble avoir renoncé à la grande tradition du XVIIIᵉ siècle. Il est vrai qu'il existe aujourd'hui d'autres possibilités d'écouter, de faire ou de créer de la musique que le Concert Spirituel ou les brillantes soirées de l'Olympique de la parfaite estime...

Sources

Nous avons, surtout en ce qui concerne les pays autres que la France, une lourde dette envers les publications de la très savante loge de recherches Quatuor Coronati n° 2076 de Londres qui, chaque année, depuis plus d'un siècle, mettent des documents de première main à la disposition des chercheurs. Nous les avons parfois signalées dans le texte. D'une manière générale, les numéros de la collection des *Ars Quatuor Coronatorum* que nous avons le plus souvent utilisés sont les suivants :

2 (1889)	24 (1911)	88 (1975)
4 (1891)	26 (1913)	89 (1976)
7 (1894)	37 (1924)	90 (1977)
12 (1899)	40 (1927)	91 (1978)
14 (1901)	42 (1929)	92 (1979)
16 (1903)	65 (1952)	94 (1981)
19 (1906)	69 (1956)	95 (1982)
20 (1907)	75 (1962)	96 (1983)
21 (1908)	80 (1967)	103 (1990)
23 (1910)	87 (1974)	105 (1992)

ainsi que les volumes des *Antigrafa* (recueils de fac-similé de documents originaux).

Pour l'histoire de la franc-maçonnerie française, c'est dans la collection de la revue *Renaissance traditionnelle*, d'une très grande rigueur historique, elle aussi, que nous avons puisé de nombreux documents.

Enfin, des informations, plus ou moins ponctuelles et nécessitant parfois de sérieux recoupements, ont été trouvées dans les ouvrages suivants (ceux comportant, en totalité ou en partie, de la musique notée sont indiqués par un astérisque) :

Louis AMIABLE : *Une loge maçonnique d'avant 1789, la Respectable Loge « Les Neuf Sœurs »*, rééd. Édimaf, Paris, 1989.

ANONYME : *Le sceau rompu ou la loge ouverte aux profanes*, fac-similé de l'édition de 1745, Les Rouyat, Ventabren, s.d.

ANONYME (divers compositeurs) : **Loge and Chapter Music*, A Lewis, Shepperton, s.d.

Philippe A. AUTEXIER : *Mozart et Liszt sub Rosa*, Poitiers, 1984.

Joseph-Marc BAILBÉ : « Autour de la reine de Saba » *in Regards sur l'opéra*, Presses Universitaires de France, Paris, 1976.

Tatania BAKOUNINE : *Répertoire biographique des francs-maçons russes (XVIIIe et XIXe siècle)*, Institut d'études slaves de l'Université de Paris, 1967.

Christian BEAUFILS : *Le Sâr Péladan, 1858-1918*, Aux Amateurs de Livres, Paris, 1986.

Marcel BEAUFILS : *Comment l'Allemagne est devenue musicienne*, Robert Laffont, Paris, 1983.

Philippe BEAUSSANT : *François Couperin*, Fayard, Paris, 1980.

Marcelle BENOÎT (dir.) : *Dictionnaire de la musique en France aux XVIIe et XVIIIe siècles*, Fayard, Paris, 1992.

Adolphe BOSCHOT : *L'histoire d'un romantique. Hector Berlioz*, tome III, « Le Crépuscule d'un romantique », Plon, Paris, 1950.

Michel BRENET : *Les concerts en France sous l'Ancien Régime*, Fischbacher, Paris, 1900.

Bulletin hebdomadaire des loges de la région parisienne : Programme des loges du Grand Orient de France et de la Grande Loge de France. Années 1900 à 1939 et 1947-1991.

Harry CARR : *World of Freemasonry*, Lewis Masonic, Londres, 1984.

Jacques CASANOVA : *Histoire de ma vie*, Brockhaus-Plon, Wiesbaden-Paris, 1960.

Pierre CHEVALLIER : *Histoire de la franc-maçonnerie française* (trois tomes), Fayard, Paris, 1974.

François COLLAVERI : *La franc-maçonnerie des Bonaparte,* Payot, Paris, 1982.

Giulio CONFALONIERI : *Cherubini, Prigionia di un artista,* Ed. Accademia, Milan, 1978.

Lionel DAURIAC : *Meyerbeer,* Félix Alcan, Paris, 1930.

Albert Christoph DIES : *Biographische Nachrichten von Joseph Haydn,* Vienne 1810, rééd. Université du Wisconsin, Londres, 1968.

André DORÉ : *Essai de bibliographie des chants et poèmes maçonniques de langue française au XVIIIe siècle,* IDHERM, s.l.n.d.

René DUMESNIL : *La musique en France entre les deux guerres,* Éd. du Milieu du Monde, Genève, 1946.

Colin DYER : *The Grand Stewards and their Lodge,* Grand Stewards'Lodge, Londres, 1985.

Colin DYER : *William Preston and his work,* A Lewis, Londres, 1987.

Théo FLEISCHMAN : *Napoléon et la musique,* Brepols, Bruxelles, 1965.

Gérard GEFEN : *Histoire de la musique anglaise,* Fayard, Paris, 1991.

Gérard GEFEN : « La musique de la révolution française » *in Histoire de la musique occidentale,* Fayard, Paris, 1985.

Karl GEIRINGER : *Joseph Haydn,* Gallimard, Paris, 1984.

Léon GUICHARD : *Lettres de Richard et Cosima Wagner à Judith Gautier,* Gallimard, Paris, 1964.

Pierre-Antoine HURÉ et Claude KNEPPER : *Liszt et son temps,* collection Pluriel, Hachette, Paris, 1987.

Herbert F. INMAN : *Masonic Problems and Queries,* A. Lewis, Londres, 1978.

A.C.F. JACKSON : *English Masonic Exposures 1760-1769,* Lewis Masonic, Londres, 1986.

Bernard E. JONES : *Free Mason's Guide and Compendium,* Harrap, Londres, 1950 et éditions postérieures.

Jean-Rémy JULIEN et Jean-Claude KLEIN : *Orphée phrygien — Les musiques de la Révolution,* Éditions du May, Paris, 1989.

KNOOP, JONES et HAMMER : *Early Masonic Pamphlets,* Quatuor Coronati Lodge, Londres, 1978.

KNOOP, JONES et HAMMER : *Early Masonic Catechisms,* Quatuor Coronati Lodge, Londres, 1975.

Ludwig von KÖCHEL : *Köchel Verzeichnis des Werke W.A. Mozart,* Breitkopf & Härtel, Wiesbaden, 1983.

Lionel de LA LAURENCIE : *L'école française de violon de Lully à Viotti*, reprint Minkoff, Genève, 1977.

Vincent LAJOINIE : *Erik Satie*, éd. L'âge d'homme, Paris, 1985.

Albert LANTOINE : *Les francs-maçons au théâtre*, Ferdinand Barbe, Paris, 1919.

Alain LE BIHAN : *Loges et chapitres de la Grande Loge de France et du Grand Orient de France*, Bibliothèque Nationale, Paris, 1967.

Alain LE BIHAN : *Francs-maçons parisiens du Grand Orient de France (fin du XVIIIe siècle)*, Bibliothèque Nationale, Paris, 1966.

Alain LE BIHAN : *Francs-maçons et ateliers parisiens de la Grande Loge de France au XVIIIe siècle*, Bibliothèque nationale, Paris, 1973.

René LE FORESTIER : *La franc-maçonnerie templière et occultiste*, Aubier-Montaigne, Paris, 1970.

Eugen LENNHOFF : *The Freemasons*, A Lewis, Londres, 1978.

Daniel LIGOU : **Chansons maçonniques des XVIIIe et XIXe siècles*, ABI, Paris, 1972.

Daniel LIGOU : *Dictionnaire de la franc-maçonnerie*, Presses universitaires de France, Paris, 1987.

Ralph P. LOCKE : **Music, Musicians and the Saint-Simonians*, University of Chicago Press, Chicago et Londres, 1986.

Georges LUQUET : *La franc-maçonnerie et l'État en France au XVIIIe siècle*, Vitiano, Paris, 1963.

Albert MACKEY, Robert CLEGG et H.L. HAYWOOD : *Encyclopedia of Freemasonry*, Macoy Publishing and Masonic Supply Co, Richmond, USA, 1966.

Victor-Émile MICHELET : *Les compagnons de la hiérophanie*, Dorbon, Paris, 1937.

Aldo A. MOLA : *Storia della Massoneria italiana dalle origini ai nostri giorni*, Bompiani, Milan, 1992.

Jean MONGRÉDIEN : *La musique en France des Lumières au romantisme*, Flammarion, Paris, 1986.

Jean-Christophe NAUDOT : **Chansons notées de la Très Vénérable Confrérie des Maçons libres*, fac-similé de l'édition de 1737, Belisane, Nice, 1981.

Joseph PÉLADAN : *L'art idéaliste et mystique*, Sansot, Paris, 1913.

Mary Jane PHILLIPS-MATZ : *Verdi*, Oxford University Press, Oxford, 1993.

Constant PIERRE : **Musique des fêtes et cérémonies de la Révolution française*, Imprimerie nationale, Paris, 1899.

Constant PIERRE : *Histoire du Concert Spirituel,* Société française de musicologie, Heugel, Paris, 1975.

Constant PIERRE : *Les hymnes et chansons de la Révolution,* Imprimerie nationale, Paris, 1904.

Constant PIERRE : *Le Conservatoire national de musique et de déclamation,* documents historiques et administratifs, Imprimerie nationale, Paris, 1900.

Roger PRIOURET : *La franc-maçonnerie sous les lys,* Grasset, Paris, 1953.

Jean-Luc QUOY-BODIN : *L'armée et la franc-maçonnerie,* Edic-Economica, Paris, 1987.

Henri REICHARD : *Guide des voyageurs en France,* Weimar, 1810, rééd. en fac-similé Les Yeux Ouverts, Paris, 1970.

H.C. ROBBINS LANDON : *Haydn, Chronicle and Works,* Londres et Bloomington, 1976-1981.

H.C. ROBBINS LANDON : *Mozart and the Masons,* Thames & Hudson, Londres, 1982.

H.C. ROBBINS LANDON : *1791, la dernière année de Mozart,* J.-C. Lattès, Paris, 1988.

Stanley SADIE : *New Grove's Dictionary of Music and Musicians,* Macmillan, Londres, 1980.

Louis TRAVENOL (Léonard Gabanon) : *Catéchisme des francs-maçons,* Paris (indiqué à Jérusalem et à Limoges !), 1744.

David VINTON : * *The Masonick Minstrel,* H. Mann & C°, Dedham, États-Unis, 1816.

Alan WALKER : *Franz Liszt,* tome I (1811-1861), Fayard, Paris, 1989.

Roy A. WELLS : *Freemasonry in London from 1785,* Lewis Masonic, Londres, 1984.

Index

On a donné en caractères italiques le nom des personnalités dont l'appartenance maçonnique est certaine (ou extrêmement probable). Les autres figures ici en romains.

ABEL Carl-Friedrich, 129.
ABT Franz, 162.
ADAMBERGER Valentin, 92, 94, 105.
ADRIEN (l'aîné), 140.
AGOULT Marie d', 178.
AIGNERELLE Denise, 215.
ALAYRAC d' (voir DALAYRAC)
ALBERTI Ignaz, 92.
ALBICASTRO Henrici (Heinrich WEISSENBURG VON BISWANG dit), 31.
ALBINONI Tommaso, 31.
ALEXANDRE Ier, tsar de Russie, 157, 193.
AMANTINI Joseph, 78.
AMBRESARD, 78.
ANDERSON James, 17, 18, 19-20, 21, 24, 45, 135, 136.
ANDRÉ Honoré, 132.
ANDRÉ Johann Anton, 59.
ARNE Thomas, 21, 128-129, 199.
ARNOLD Samuel, 131.
ARTARIA Philippe, 92, 105.
ATHELSTAN, roi d'Angleterre, 13.
ATTWOOD Thomas, 128.
AUDINOT, 61.
AZEGLIO Massimo d', 160.

BACH Carl Philipp Emanuel, 53, 55, 123.
BACH Jean-Chrétien, 129-130.
BACH Jean-Sébastien, 55, 57, 58, 83, 127, 211.
BACHAUMONT Louis PETIT de, 60.
BAGGE, Charles Ernest Ennal baron de, 59, 60, 67, 71, 73.
BAILLY Edmond, 186.
BAILLY Jean Sylvain, 138.
BAKOUNINE Michel, 176.
BANISTER John, 15.
BARBIER Auguste, 154.
BARTOK Bela, 202.
BARRÈS Maurice, 187.

BARRUEL Augustin (abbé), 88, 149.
BATES Josuah, 130.
BAUERNJÖPL Joseph, 97.
BEALEY Richard Rome, 204.
BEAUHARNAIS Joséphine de, 115.
BEAUVALON, 78.
BEAUVARLET-CHARPENTIER Jacques-Marie, 72, 140.
BEAUVARLET-CHARPENTIER Jean-Jacques, 72.
BEAUVILLIER, 78.
BÉDARRIDE (les frères : Michel, Marc et Joseph), 150.
BEETHOVEN Ludwig van, 10, 58, 70, 71, 103, 152, 167 à 171, 172, 178, 203, 208, 211, 212, 213.
BELLINI Vincenzo, 160.
BENDA Franz, 53.
BENDA Johann, 53.
BENEDICTUS Louis (« *Ludwig* »), 188, 190.
BENHAMOU Maurice, 215.
BENOÎT XIV, 149.
BENNETT Sterndale William, 163, 203.
BENTLEY John Morgan, 204.
BERLIOZ Hector, 152, 172 à 174.
BERTHEAUME Isidore, 80, 138.
BERTON Pierre, 73.
BESSER Friedrich, 156.
BIANCHI Giovanni, 31.
BIRKHEAD Matthew, 18.
BIZET Georges, 208, 212.
BLANGINI Felice, 160.
BLASIUS Frédéric, 140.
BLASKE (ou Blaschek) Joseph, 92.
BLAVET Michel, 40, 42, 51.
BOIELDIEU François Adrien, 10, 140, 147, 156.
BONAPARTE Jérôme, 161.
BONONCINI Giovanni, 31.
BONTEMPS, valet de chambre de Louis XV, 47.
BORN Ignaz von, 85, 88, 90, 91, 105.
BOUCHER Jules, 114.
BOURBON-CONDÉ, Louis de CLERMONT, prince de, 51, 61.
BOYCE William, 128, 203.
BRAHMS Johannes, 156.
BRAUN André, 78.
BRAUN Jean-Christophe, 78.
BRITTEN Benjamin, 202.
BROGLIE Victor de, 137, 138.
BROOKES, tavernier, 15.
BRÜLL Ignaz, 156.
BUCCHIARELLI Joseph (dit Josephini), 71.
BULWER-LYTTON Edward George (lord), 175.
BÜRGER Gottfried August, 55.
BURNS Robert, 127.

CAESARINI Lucien, 78.
CAGLIOSTRO (Giuseppe BALSAMO, dit comte de), 151.
CAMBINI Giuseppe Maria, 67, 140, 160.
CAMPENHOUT François van, 158, 199.
CANDEILLE Pierre-Joseph, 78, 71.
CAPRON Nicolas, 61, 73, 74.
CARAVAGE (Michelangelo Merisi da Caravaggio, dit LE), 35.
CARAVOGLIA François, 73.
CARAVOGLIA Jean, 73.
CARDUCCI Giosuè, 160.
CAREY Henry, 23.
CARRÉ Albert, 154 (n).
CARRÉ Michel, 154.
CARTON Florent, dit DANCOURT, 48 (n).
CARTON Marie Armande, 48.
CASADESUS Francis, 211, 213.
CASANOVA Jacques, 61.
CAUNE, 78.
CAVALLIES Guillaume, 78.

Chamisso Adelbert von, 55.
Champein Stanislas, 139, 140.
Chardin Louis Charles dit Chardini, 73, 78.
Charles II Stuart, 37.
Charles VII, roi de Naples, 159.
Charpentier Marc-Antoine, 101.
Chauvin, 72.
Chélard André Noël, 78.
Chéron André, 73.
Cherubini Luigi, 69-70, 72, 123, 140, 144, 145, 147-148, 160, 173.
Chetwood William Rufus, 23.
Choderlos de Laclos Pierre Ambroise François, 67.
Chopin Frédéric, 158.
Chrétien Gilles-Louis, 78.
Cimarosa Domenico, 119.
Clarke Jeremiah, 16.
Clegg Walter, 204.
Clément XII, 17, 149.
Clérambault Louis Nicolas, 10, 39, 40, 41, 43, 47, 48, 49.
Clicquot Claude François, 72.
Cole (graveur), 21.
Colombazzo Vittorino, 92.
Colon Jenny, 153.
Colonne Édouard, 152.
Combes Émile, 88.
Cooke Tom, 163.
Corelli Arcangelo, 30, 130.
Corrège (Antonio Allegri dit Le), 35.
Corrette Michel, 51, 141.
Couperin François, 38.
Couppeau (ou Coppeaux ?) Jean-Louis, 78.
Courteville Raphaël, 16.
Coustos Jean, 39, 40.
Cramer Wilhelm, 131.
Crescentini Girolamo, 70, 160.

Dalayrac Nicolas, 67, 71, 141, 144, 147, 209.
Dalberg Hugo von, 58.
Dallam Robert, 37.
Daru, Pierre (comte), 152.
David Anton, 92, 94.
David Félicien, 150.
De Zède Nicolas, 78.
Debussy Claude, 186, 211, 212.
Decazes Élie, duc, 145.
Delafaye Charles, 19, 30.
Delle Sedie Enrico, 160.
Deraismes Maria, 115.
Dermott Lawrence, 20.
Désaguliers Jean-Théophile, 17, 82.
Desenvaux A., 212.
Dessaix de Veygoux Louis-Charles, 137.
Deutsch Max, 215.
Devaux Georges Jacques, 78.
Devienne François, 68, 73, 141.
Dibdin Charles, 132-134.
Dietrich Philippe-Frédéric (baron de), 137, 138.
Dietrichstein (prince), 88, 90, 95, 96.
Dodge Ossian E., 204.
Dominique (ou Dominich) Henri, 78.
Donay Louis-Thérèse, 78.
Donizetti Gaetano, 160.
Dubois William, 136.
Dubouchet (*conventionnel*), 139.
Dubourg Matthew, 35.
Dumas Alexandre, 153.
Dumont, 72.
Dürer Albrecht, 37.
Duverger, 65 .
Dykes John Bacchus, 204.

Earle (évêque), 14.
Édouard VII, roi d'Angleterre, 163.
Ellam John, 32, 33.
Elsner Joseph, 157.

ENFANTIN Barthélemy Prosper, dit le père, 149-150.
ÉON, chevalier d', 68.
ESSEX (comte d'), 30, 35.
ESTERHAZY Franz (comte), dit « Quinquin », 106.
ESTERHAZY Johann (comte), 97, 120.
ESTERHAZY Nicolas (prince), 97, 117, 118.

FARMER James, 130.
FARMER Peter, 21.
FARNIE Henry, 154-155.
FAURÉ Gabriel, 208, 211.
FERDINAND IV, roi de Naples, 159.
FERRY Jules, 88.
FÉTIS François Joseph, 152.
FEUSTEL Friedrich, 175.
FICHTE Johann Gottlieb, 55.
FISCHER Johann Ignaz Ludwig, 84-85, 91.
FISCHER VON EHRENBACH Karl, 97.
FISHER John Abraham, 130-131.
FLEURY (cardinal de), 47, 50, 61.
FLOQUET Étienne-Jean, 78.
FONTAINE (aîné), 79.
FONTAINE (cadet), 79.
FOSCOLO Ugo, 160.
FRAMERY Nicolas Étienne, 69.
FRANÇOIS II, empereur d'Allemagne, 98, 155.
FRANKLIN Benjamin, 57, 135.
FRÉDÉRIC GUILLAUME Ier, roi de Prusse, 52.
FRÉDÉRIC II, roi de Prusse, dit FRÉDÉRIC LE GRAND, 53 à 55, 60, 98, 161.
FRÉDÉRIC, margrave de Bayreuth, 54.
FROMENT Antoine, 141.
GAÏTA Stanislas de, 191.
GAMBETTA Léon, 88.
GARAT Dominique Pierre Jean, 68, 141.
GARIBALDI Giuseppe, 160.
GARNIER Charles, 74.
GARY, 186.
GAUTIER Judith, 188-189.
GAUWIN, 208.
GAVEAUX Pierre, 141, 145.
GEBLER Tobias Philipp von, 109-110.
GEMINIANI François Xavier, 10, 23, 27 à 35, 42, 160.
GEMMINGEN Otto von, 90.
GENZINGER Marianne von, 120.
GEYER Ludwig, 174.
GIESECKE (Metzler Johann-Georg dit), 92, 93, 108, 113.
GILBERT William Schenck, 163.
GIROUST François, 71, 72, 141, 147.
GLACHANT Jean-Pierre, 79.
GLINKA Fedor, 156-157.
GLUCK Christoph Willibald, 71, 74, 110, 200, 212.
GOETHE Johann Wolfgang von, 55, 56, 58, 93, 154, 161, 162, 168, 197.
GOLDMARK Karl, 155.
GONDOLA, 83.
GONTARD Alexandre, 54.
GOSSEC François Joseph, 10, 61, 69, 73, 75, 77, 78, 138, 142, 144, 145.
GOUBLIER Henri, 212.
GOUNOD Charles, 153, 154, 155, 203.
GRATIA L. E., 212.
GRAUN Gottlieb, 53.
GREENE Maurice, 16-17.
GREINER Franz von, 119.
GRÉTRY André Ernest Modeste, 148.

GRIEG Édouard, 210, 211, 212.
GUENIN Alexandre, 73.
GUERCIS Siméon, 79.
GUICCIARDI Giulietta, 189.
GUICHARD Joseph, 142.
GUIDO Giovanni Antonio, 42.
GUIGNON Jean-Pierre, 39, 40, 41.
GUILLAUME DE PRUSSE, 54.
GUINAND J., 212.
GULSTON William, 29, 30, 31, 34.

HABENECK François, 152.
HABERZELTER Johann Andreas, 156.
HAENDEL Georg Friedrich, 16, 31, 58, 83, 103, 123, 124, 127, 130, 203, 211.
HALTENFOF Johann, 156.
HAMMERTON William Henry, 163.
HARTMANN Christian Karl, 79.
HASCHKA Leopold, 92, 109.
HASSE Johann, 53, 57.
HATTON John Liprot, 163.
HAUER Urban, 85.
HAYDN Joseph, 10, 68, 73, 79-80, 81, 91, 97, 117 à 121, 123, 131, 199, 203.
HAYES Philip, 124.
HAYES William, 124.
HEIDEGGER Johann Jacob, 16.
HEINE Heinrich, 55, 154.
HENSLER Karl Philipp, 99.
HÉRAULT Louis, lieutenant de police, 47-48.
HERBERT Robert, 15.
HERDER Johann Gottfried, 55, 154.
HERRIOT Édouard, 167.
HIMMEL Friedrich, 58.
HODITZ (comte), 83.
HOFFMANN E. T. A., 61.
HOGARTH William, 26 (n).
HOHENLOHE (Mgr de), 183.
HOLMÈS Augusta, 186.
HOLMES Sherlock (Conan Doyle), 166.
HOLYOKE Samuel, 135-136.
HOLZ Karl, 168.
HOLZER Johann, 105.
HOLZMEISTER Joseph von, 118.
HONEGGER Arthur, 202.
HORACE, 131.
HUBAY Jenö, 208.
HUGO Jean-Joseph, 159.
HUGO Victor, 159, 185.
HUGOT Antoine, 79.
HUMMEL Johann Nepomuk, 161, 162-163, 203.
HUSKY Ferlin, 201.
HUSSON, 79.
HUYSMANS J.-K., 186.
HYAM, père et fils, 95.

IMBAULT Jean-Jérôme, 79, 80.
IMMYNS John, 16, 124.
ITASSE Toussaint, 79.

JAC NAM, 209.
JACKSON Henry, 17.
JAHN Otto, 168.
JELYOTTE Pierre, 40, 41, 45.
JEMAIN Jean, 210, 212, 213.
JOFFRE Jacques (maréchal), 210.
JOHANSSON Bengt, 199.
JOSEPH II, empereur, 60, 61, 87, 89, 95-96, 107, 155.
JOSEPHINI (voir BUCCHIARELLI).
JUNIN, 212.

KASTNER Jean-Georges, 151.
KAYSER Philipp Christof, 58.
KELLERMAN Berthold, 184.
KIESEWETTER Georg, 156.
KILMANSEGGE (baron), 30.
KING Charles, 17.
KIRCHGÄSSNER Marianne, 92.
KLEMPERER Otto, 213.
KLOPSTOCK Friedrich, 55.

KLOSÉ Hyacinthe, 151.
KNIGGE Adolf von (baron), 89.
KOKKONEN Joones, 199.
KOPPAN Eugène, 182.
KÖRNER Theodore Karl, 55.
KORPELA Jorna, 198.
KORPELA Simo, 198.
KOTZEBUE August von, 55.
KOUSSEVITZKY Serge, 202.
KOZELUCH Leopold, 92.
KRAFFT Johann Daniel, 52.
KREUTZER Rodolphe, 61, 71-72, 142.
KURPINSKI Karol, 157.

L'ALBERTANT, 79.
LA HOUSSAYE Pierre Nicolas, 79.
LA TIERCE (marquis de), 46.
LA BORDE Jean Benjamin de, 79.
LABRUNIE (Dr) (père de Gérard de Nerval), 154.
LACODRE François, dit Blin, 78.
LALO Édouard, 208.
LAMENNAIS Robert de, 178.
LAMOUREUX Charles, 190.
LAMPE John Frederic, 19.
LANGE Joseph, 84.
LANSA, 46.
LA ROCHEFOUCAULD Antoine de, 189-190.
LAURENT Roland, 215.
LAYS Jean-François, 79, 76†.
LE BLANC Hubert, 43.
LE FROID DE MÉREAUX Jean-Nicolas, 142.
LEBRUN, 73.
LECLAIR Jean-Marie, 40.
LECOCQ Alexandre, 209.
LEFÈVRE Louis, 73, 79.
LEGROS Joseph, 79.
LENFUMÉ, 79.
LENOIR ou LE NOIR Pierre, 61-62.
LEON Gottlieb, 107.
LÉON XII, 149.
LEOPARDI Giacomo, 160.
LEOPOLD II, empereur, 97-98.
LEROUX Henri, 79.
LESSING Gotthold, 55.
LEVERIDGE Richard, 19, 22, 23.
LEVI Eliphas, 186.
LICHNOWSKY Félix, 178, 181-182.
LINLEY Thomas, 128.
LINLEY William, 128.
LIPPE-BÜCKENBURG (comte), 52-53.
LISZT Franz, 10, 81, 152, 158, 177 à 184.
LITOLFF Henry, 158.
LITTRÉ Émile, 185.
LOCZDEN, 94.
LOEWE Carl, 10, 58, 161.
LORRAINE François de, 82.
LORTZING Albert, 162.
LUDENDORFF (général), 82.
LULLY Jean-Baptiste, 74.

MAETERLINCK Maurice, 187.
MAISTRE Joseph de, 183.
MALDER Guillaume van, 158.
MALET Claude François de, 137.
MALLARMÉ Stéphane, 186, 187.
MANIN Danièle, 160.
MANZONI Alessandro, 160.
MARAND Louis, 103, 212.
MARIE-THÉRÈSE, impératrice, 82-83, 87.
MARIETAN Pierre, 215.
MARIN DE LA HAYE DES FOSSES Charles, 76, 77.
MARINO Carlo Antonio, 31.
MARION Serge, 215.
MARONCELLI Pietro, 160.
MARRIGUES Jean-Baptiste Nicolas, 70.
MARTINI (l'Allemand), voir SCHWARTZENDORF.
MARTINI Giovanni Battista dit le PADRE, 57.

MASSENET Jules, 208, 211, 212.
MAUREAL, 208.
MAZZINI Giuseppe, 160.
MECKLENBURG-STRELITZ (duc de), 106.
MÉHUL Étienne Nicolas, 10, 68, 142, 147, 208.
MENDELSSOHN Félix, 10, 57, 103, 128, 172-173, 203, 211.
MENDELSSOHN Moses, 55, 173.
MENDÈS Catulle, 186.
MÉON Jean-François, 79.
MERCADANTE Giuseppe, 160.
MERCY Ludovicus (L-M-Y), 19.
MESSAGER André, 208.
MESSIAEN Olivier, 202.
METZ Joseph von, 97.
MEYER Martin Gottfried, 158.
MEYERBEER Giacomo, 10, 153, 154, 155.
MICHEL (voir Yost).
MILLER William, 129.
MITSCHA Adam, 92.
MONDONVILLE Jean Joseph, 50.
MONTESQUIEU Charles Louis, 36.
MOREAU Léon, 212.
MORRIS Rob, 204.
MOSENTHAL, 155.
MOTHES, 162.
MOZART Constance, 98, 108.
MOZART Léopold, 10, 91, 105, 119.
MOZART Wolfgang Amadeus, 10, 59, 81 à 115, 119, 121, 123, 128, 130-131, 151, 157, 158, 175, 199, 202, 207, 211, 212, 215.
MÜLLER Wilhelm, 172.
MUNEROT, 79.
MURGEON François Gilbert, 142.

NAU Pierre, 79.
NAUDOT Alexandre, 40.
NAUDOT Jacques Christophe, 39, 40, 43 à 46, 48, 49, 51, 102, 175.
NAUMANN Johann Gottlieb, 57.
NAVOIGILLE Guillaume, 68, 143.
NEEFE Christian Gottlob, 58, 167, 168.
NEITHARDT Auguste, 162.
NEKTON, 194.
NERVAL (Gérard LABRUNIE dit Gérard de), 153, 154, 155.
NICOLAI Johann Christof, 55.
NIERING VON LÖWENFELS Anton, 97.
NOVELLO Mary, 108.

OBERG (baron), 53, 54.
OELZEL, 180, 182.
OFFENBACH Jacques, 209.
OGNY (baron de), 77.
OGNY Claude Jean (comte RIGOLEY d'), 79, 76, 77, 78.
OLIVET, 73.
OSSIAN (Macpherson James), 150.
OZY ou OZI Étienne, 73, 143.

PAGANINI Ercole, 159-160.
PAGANINI Nicolo, 159-160.
PAGIN André Noël, 61.
PAISIELLO Giovanni, 119, 131.
PALADILHE Émile, 209.
PALSA Jean, 73.
PAPUS (Gérard d'ENCAUSSE, dit), 186.
PARISOT René Jean Antoine, 79.
PARNY Évariste Désiré, 148.
PASDELOUP Jules, 152.
PÉLADAN Joséphin *(dit le SÂR PÉLADAN)*, 186 à 190.
PELLICO Silvio, 160.
PELZMAN, 180.
PEPUSCH Johann, 21, 31.
PEPYS Samuel, 15, 16.
PÉRIGNON H. J., 80.
PETRAN Franz, 105.
PHILIDOR Anne Danican, 68.
PHILIDOR, François André DANI-

can, 68, 72, 74, 102, 123, 130, 139, 144.
Philippe d'Orléans dit Philippe Égalité, 61, 68.
Piccinni Alexandre, 71.
Piccinni Niccolò, 10, 71, 74, 160.
Pichler Caroline, 104, 119.
Picquot Jean-Joseph, 80.
Pie IX, 182.
Pie VII, 149.
Plantade Charles Henri, 80.
Pleyel Ignace, 120, 137, 143.
Poinsinet, 132.
Ponchielli Amilcare, 160.
Preston William, 112, 126-127, 163.
Prichard Samuel, 49.
Prim (frères), 158.
Prodhomme Jacques-Gabriel, 207.
Proudhon Pierre Joseph, 88, 185.
Prout Ebenezer, 204.
Puccini Giacomo, 172, 174.
Puchberg Johann Michaël, 119.
Punto (voir Wenzel).
Pythagore, 10.

Quantz Johann, 53.

Radiguer H., 210, 211.
Ragon de Bettignies Jean-Marie, 115, 151.
Rameau Jean-Philippe, 41, 50, 51, 71, 74, 132.
Ratschky Franz Joseph, 105.
Ravel Maurice, 211.
Reichard (*Guide du voyageur en France*), 148.
Reichardt Johann Friedrich, 56, 57, 58.
Reinagle Alexander, 136.
Renan Ernest, 185.
Ricard Claude, 215.
Richardson David Leister, 163.
Richer Louis Augustin, 70.
Richmond (duc de), 33.
Richmond Redmond, 129.
Richter Jean-Paul, 55.
Riemann Hugo, 162.
Rigel Anton ou Henri-Jean (le fils), 143.
Rigel Henri-Joseph (père), 143.
Rimsky-Korsakov Andrei Petrovitch, 157.
Robert-le-Grand, 212.
Robida, 185.
Rolland Romain, 170.
Röllig, 57, 92.
Rossini Giacomo, 131, 160.
Rouault Georges, 187.
Rouget de L'Isle Claude Joseph, 73, 137, 139, 143, 145, 147, 150, 173, 199.
Rousseau J. (Jean ?), 80, 73.
Rousseau Jean-Jacques, 50.
Roze Nicolas, abbé, 80, 143, 148.
Ruault Nicolas, 96.
Rückert Friedrich, 55.
Rydberg Viktor, 197.

Sacchini Antonio, 80, 69, 123, 144, 160.
Sade François de, 36.
Saint-George, Joseph Boulogne, chevalier de, 67, 68, 77, 79, 145, 147.
Saint-Pol Roux (Paul Roux, dit), 187.
Saint-Saëns Camille, 208, 211, 212.
Saint-Simon Claude Henri de, 149-150.
Salez Françoise, 215.
Salieri Antonio, 98, 119.
Sallantin François Alexandre dit Charonne, 73.
Sallantin Louis Jean Baptiste dit Despréaux, 64, 73, 80.
Salomon Johann Peter, 120, 131.

SARIO Samuli, 198.
SARRETTE Bernard, 145.
SATIE Erik, 10, 186, 189 à 192.
SAVALETTE DE LANGES Charles Pierre Paul, 68-69.
SAYN-WITTGENSTEIN Carolyne von, 181, 182.
SCARLATTI Alessandro, 30.
SCHAFFGOTSCH, comte (archevêque DE BRESLAU), 83.
SCHIKANEDER Emanuel, 92, 93, 108, 110, 113.
SCHILLER Johann Christoph Friedrich, 170, 196.
SCHINDLER Anton, 167, 168.
SCHLEGER Friedrich, 55.
SCHLITTERSBERG Augustin Veith Edler von, 107.
SCHMIDBURG (baron), 84.
SCHOLZ Friedrich, 156.
SCHROEDER Rudolf, 55.
SCHU Marcel, 215.
SCHUBERT Franz, 10, 172, 200, 203, 211.
SCHULZ Johann Peter Abraham, 57.
SCHUMANN Robert, 210, 212.
SCHUPPANZIGH Ignaz, 168.
SCHWARTZENDORF Johann Paul Aegidius, dit MARTINI l'Allemand, 71, 73, 142.
SCRIABINE Alexandre, 10.
SEMENOFF Ivan, 214.
SERVAIS Adrien-François, 158.
SÉVERAC Joseph-Marie DÉODAT DE, 209.
SHAKESPEARE William, 125, 195.
SHORE John, 16.
SIBELIUS Jean, 10, 194 à 199, 210.
SIMELIUS August, 197.
SMART George, 128, 170.
SOLA Waïno, 195, 199.
SOUFFRIAU Arsène, 214.
SOUSA John Philip, 201.
SPEYER Wilhelm, 177, 178.
SPORK (comte de), 82.
SPOHR Ludwig, 203.
SPONTINI Gaspare, 10, 152, 160.
SPRINGER, Vincenz, 92, 94.
STADLER Anton, 92, 94.
STADLER Maximilian (abbé), 109.
STAFFORD Smith John, 124, 199.
STAMITZ Carl, 131.
STENDHAL (Henri BEYLE, dit), 152.
STEVENS, 203.
STICH Johann Wenzel, dit PUNTO, 80, 143.
STORACE Nancy, 131.
STRAVINSKY Igor, 202, 212.
SULLIVAN Arthur, 163.
SUMIDA Paul, 211.
SUSSEX (duc de), 163.
SWIETEN Gerhard van, 83.
SWIETEN Gottfried van, 83, 121, 158.

TACUSSET Jean-Baptiste, 80.
TARTINI Giuseppe, 57.
TASKIN Henri-Joseph, 151.
TASSE (Tasso Torquato dit LE), 35.
TCHAIKOWSKI Piotr Ilyitch, 211.
TERRASSON Jean (abbé), 109, 111-112.
THOMAS Ambroise, 208.
THUN Hohenstein Franz (comte), 105.
TINDI Anton, 119.
TINDI Bartholomeus, 119.
TORELLI Giuseppe, 31.
TÖRÖK Johann Nepomuk von, 97.
TORRICELLA Christophe, 84, 91.
TRAUN UND ABENSPERG Franz EUGEN von (comte), 97.
TRAVENOL Louis (*Léonard GABANON*), 38, 41, 49, 50.
TULOU Louis Prosper, 80.
TÜRK Joseph, 58, 161.
TURSCHMIDT Charles, 73.

VALTON Peter, 135.
VERDI Giuseppe, 10, 160, 172 à 174, 194.
VERNE Jules, 185.
VIDEAU Bernard, 215.
VILLEROY (duc de), 39, 40.
VILLIERS DE L'ISLE-ADAM Jean-Marie de, 186.
VIOTTI Giovanni Battista, 10, 61, 80, 69, 123, 144-145, 160.
VIRGILE, 12.
VISME DE VALGAY Anne-Pierre, 80.
VITZHUMB Ignaz, 158.
VOLTAIRE François Marie AROUET dit, 36, 50, 73, 74, 185.
VRIES J. H., 173.

WAGNER Cosima, 175.
WAGNER Richard, 10, 174 à 176, 207, 211, 212.
WAINWRIGHT Richard, 124-125.
WASHBOURNE William, 17.
WEBBE Samuel, 124.
WEBER Carl-Maria von, 57.
WEGELER Franz-Gerhard, 170.
WEISHAUPT Adam, 89.
WENZEL Gaebrich, 162.
WESLEY Charles, 127.
WESLEY John, 127.
WESLEY Samuel, 127-128, 203.
WHARTON Philip, duc de, 22.
WIEDERKER Jacques, 143.
WIELAND Christof Martin, 55.
WILHELMINE, margravine DE BAYREUTH, 54.
WIRTH Oswald, 114, 186.
WRANITZKY Paul, 92, 93, 94.

XENAT Jean, 80.

YARNOLD Benjamin, 135.
YOST Michel, 80.

ZELLER Fred, 214.
ZELTER Carl, 56, 57, 58, 168.
ZIEGENHAGEN Franz Heinrich, 107.
ZINNENDORF (Johann Wilhelm Ellenberg, dit), 86.

Table des matières

Introduction : Musiciens francs-maçons ou musique maçonnique ? 9

1. Le rendez-vous de L'Oie et le Gril 13
2. Geminiani, dictateur et maître 27
3. Le goût français 36
4. L'aigle de Prusse 52
5. Les francs-musiciens 60
6. En loge, frère Mozart ! 81
7. Le secret des pyramides 100
8. Le bon frère d'Esterhaza 117
9. Great Queen Street 122
10. Allons, enfants de la patrie ! 137
11. L'âme romantique 147
12. Les faux frères 166
13. Un abbé franc-maçon 177
14. Une vie pour le Sâr 185
15. Suomi n° 1 193
16. La loi du silence 200

Sources 217
Index 223

– ACHEVÉ D'IMPRIMER –
EN AOÛT 2003 SUR LES
PRESSES NUMÉRIQUES DE
L'IMPRIMERIE MAURY S.A.
À MILLAU (12100) POUR LE
COMPTE DE LA LIBRAIRIE
ARTHÈME FAYARD
75, RUE DES SAINTS-PÈRES
PARIS VIe

Imprimé en France

35-56-9125-2/04
ISBN : 2-213-03167-3
Dépôt légal : août 2003
Nº d'édition : 38222 – Nº d'impression : G03/28167 L